Wolfgang Neumann und Annette Sandrock

Flucht in Gefahr

dgvt Verlag

Wolfgang Neumann und
Annette Sandrock

Flucht in Gefahr

Der dritte Psychokrimi
aus Ostwestfalen-Lippe

dgvt Verlag
Tübingen
2018

Die Autoren bedanken sich herzlich für viele hilfreiche Anregungen und Korrekturen zum Manuskript bei Günter Gutmann (Pamplona) und Gina Steidle und Otmar Koschar vom dgvt-Verlag.

Ähnlichkeiten von Personen, die im Text vorkommen, mit realen Personen sind nicht beabsichtigt, sondern rein zufällig.

Bibliografische Information der Deutschen Nationalbibliothek
Die Deutsche Nationalbibliothek verzeichnet diese Publikation in der Deutschen Nationalbibliografie; detaillierte bibliografische Daten sind im Internet über http://dnb.d-nb.de abrufbar.

Im Sudhaus
Hechinger Straße 203
72072 Tübingen

E-Mail: dgvt-Verlag@dgvt.de
Internet: www.dgvt-Verlag.de

Umschlaggestaltung: Jens-Olaf Broksche, Lemgo
Layout: VMR, Monika Rohde, Leipzig
Druck und Bindung: BuchBücher.de GmbH, Birkach

ISBN 978-3-87159-883-8

Ziehen wir ab vom Unglück die Schuld,
es bleibt zurück Schmerz genug!

Viktor Frankl

Eins

Es ist kurz nach ein Uhr in der Nacht und es nieselt leicht. Zu der späten Uhrzeit für diese Wohngegend eher ungewöhnlich, hält ein auffälliger Wagen, ein sehr breiter Amischlitten, auf der anderen Straßenseite gegenüber einem lang gestreckten, dreistöckigen Gebäude.

Fast gleichzeitig steigen zwei Männer aus dem PKW und drücken die Autotüren hinter sich möglichst leise in die Schlösser. Dabei blicken sie sich unauffällig nach allen Seiten um, ehe sie sich, wie verabredet, scheinbar beiläufig, gleichzeitig auf das dunkle Gebäude auf der anderen Straßenseite zubewegen.

Wenn allerdings noch jemand um diese späte Stunde Gassi gegangen wäre, mit oder ohne Hund, oder wenn jemand sogar mit einer offiziellen Kontrollabsicht unterwegs gewesen wäre, dann hätte er, die beiden Männer in Aktion sehend, bestimmt gedacht: „Hallo, ihr Leute im Viertel, aufgepasst, höchst verdächtig, was hier abgeht!“

Der eine Mann, der deutlich kleinere, trägt eine große, voll gepackte Plastiktüte in der Hand, und zwar so vorsichtig, als berge sie kostbaren Inhalt. Im Kontrast dazu, wie sie gehalten wird, sieht man, dass es sich bei der Tüte um ein Billigprodukt einer Kaufhauskette handelt, wie man sie oft in der Hand von jederman sieht.

In solchen Behältnissen transportiert man entweder Massenware aus einem Supermarkt, oder dem Träger mangelt es an einem geeigneten Behältnis, das im Einklang mit der Kostbarkeit des Inhalts steht, also: „Wieder höchst verdächtig!“

Der zweite Mann, der, der den Wagen gefahren hat, übernimmt jetzt die Führung. Er ist gut einen Kopf größer als der erste Mann und hat einen massigen Körperbau, der gut vorstellbar mit Autorität gefüllt sein könnte, während sein Begleiter dagegen schmal und unbedeutend wirkt.

Der Große trägt eine gediegene Ledertasche, die ebenfalls nicht ins nächtliche Stadtbild passt, denn emsige Büroangestellte sind längst im Bett, und so ist die Straße selbst in der mittelgroßen Möchtegerngroßstadt menschenleer.

Nun, hastiger werdend, überqueren die beiden ungleich aussehenden Männer schnell den Bürgersteig, dann den weiten Parkplatz vor dem Gebäude, wobei sie versuchen, sich möglichst dicht im Schatten der Büsche am Rand zu bewegen. In Ermangelung eines kompetenten Beobachters gelangt das ungleiche Paar unbemerkt von hinten an das dunkle Gebäude.

„So ein Mist auch“, denkt der größere der Männer jetzt, wo sie über den Präsentierteller eilen, „so hatte ich es mir eigentlich nicht vorgestellt, dass wir hier so sichtbar herumlaufen. Aber, wie es aussieht ... habe ich keine Wahl.“

Dieser Mann, der feine Herr, macht sich eben selbst ungern die Finger schmutzig, er wäscht lieber seine Hände in Unschuld. „Fürs Grobe hat man seine Leute!“, lautet sein Wahlspruch.

„Aber, vielleicht“, so denkt er im Augenblick, „hat das ja auch mal sein Gutes, wenn ich heute einmal mitkomme. Vorsicht ist eigentlich die Mutter der Porzellankiste und mein Motto, aber manchmal ist übertriebene Vorsicht auch nicht der Weisheit letzter Schluss, und heute ist wohl, wie es die Sachlage erfordert, mit gehangen, mit gefangen, angesagt!

Dieser Mustafa kennt sich leider nicht genügend mit dem Gebäude aus, obwohl ich ihm alles haargenau erklärt hatte. Stellt er sich dumm, ist er dumm oder ist er nur besonders raffiniert und will nicht allein dran sein, wenn wir zusammen erwischt werden?“

Ganz genau hatte er es Mustafa noch unterwegs erklärt: „Du gehst von hinten ins Untergeschoss, ich hatte da eine Tür offen gelassen, du brauchst also keinen Schlüssel, dann rechts herum die Kellertreppe hinunter, aber du darfst kein Licht machen. Du hast genau eine Stunde Zeit, wenn du länger brauchst, dann pass ganz besonders auf. Und denk daran, um zehn nach zwei kommt die nächste Kontrolle durch den Wachdienst, wenn die überhaupt genau die Zeiten einhalten und nicht einfach nur kommen, wann es ihnen so passt. Dann hast du wieder eine weitere Stunde Zeit.

Wenn sie kommen, dann kontrollieren sie alles hier keineswegs genau, die machen nur schnell, schnell, husch, husch. Sie nehmen ihre Arbeit nicht so genau und gehen nur mal so ums Haus, lassen ihre Taschenlampen kurz aufblitzen ... also, für dich gilt: nur kein Lärm!"

In der Tat hat Mustafa sich dumm gestellt, hat so den Massa gelinkt, hat extra alles falsch wiederholt, eben auf stur geschaltet. So betreten sie doch unwillig beziehungsweise willig beide das Gebäude zusammen.

Mustafa weiß, der Dicke ist in Eile, besonders unangenehm ist dem wohl dabei, dass sein protziger Schlitten an der Straße vorm Haus steht.

„Du Idiot, muss man dir denn alle Infos immer wieder vorkauen? Pass bloß auf, hüte dich, hier unnötige Spuren zu hinterlassen, nimm also die Füße hoch und fass nichts an. Verfluchter Tag heute, das war und ist doch immer mein Prinzip: Safty first, aber heute, Prinzip hin, Prinzip her, heute kommt es darauf an, heute ist Kontrolle eben besser als Vertrauen, besonders bei dir!"

Er, der sich gerne Massa nennen lässt, geht jetzt weiter voran, bis sie, durch das verwinkelte Gebäude tapsend, endlich an ihrem Ziel angekommen sind. Er öffnet die letzte Tür am Ende eines langen Kellerganges und macht Licht. Das ist hier kein Problem, denn sie betreten einen relativ kleinen, fensterlosen Raum, aus dem sie kein Licht verraten kann. Die Männer stehen sich zunächst noch gegenüber, dann aber durchquert Mustafa prüfend den Raum und bleibt in einer Ecke stehen. „Massa" bleibt direkt an der Tür stehen.

Zwischen den beiden herrscht plötzlich eine sehr angespannte Stimmung, es knistert. Sie sind plötzlich beide auf der Hut vor dem anderen. Die Gefahr draußen haben sie überstanden, nun aber kommt das viel schwierigere Kapitel. Wer vertraut wem, wer hat die besseren Nerven, wer hat die Macht? Sie belauern sich, wie zwei Tiere im Dschungel, wo ganz andere, eigene Gesetze gelten als in der Zivilisation.

Der eine will schnell weg, der andere weiß das. Jetzt muss er seine Forderungen stellen, jetzt hat er ein Machtmittel, indem er auf Zeit spielt, indem er sich möglichst viel Zeit lässt. Die Rechnung scheint aufzugehen, denn der Dicke wird von Moment zu Moment nervöser und knurrt: „Los, mach hinne, ich will weg, ab ins Bett, wie man so schön sagt, ich habe morgen einen schweren Tag!“

Schon vorher war ihr Verhältnis nicht so einfach. „Massa“ hatte für den privaten Wachdienst keine guten Worte zu vergeben, obwohl er weiß, dass sich unter den Wachleuten auch ein paar Leute finden, mit denen Mustafa guten Kontakt hat, einer ist Türsteher, ein anderer Dealer, alles Landsleute von ihm.

„Meine Macht ist sehr begrenzt“, denkt Mustafa, „denn Massa hat eigentlich die Karten in der Hand und dazu kommt noch, der hat keine Skrupel, der gibt ungern, sehr ungern, denn er ist vom Stamme Nimm. Er nimmt alles, ohne zu zögern! Und wenn er etwas gibt, dann nie ohne entsprechende Gegenleistung. Das, was er am besten kann, sind Versprechungen machen, um sie anschließend zu brechen, darin ist er der Größte.“

Mustafa weiß das und ist trotzdem darauf angewiesen, zumindest etwas zu vertrauen oder wenigstens so zu tun. Er wartet, er hat Zeit, er weiß, Massa will schnell weg hier, Massa will nicht erkannt werden, sein Auto steht draußen an der Straße. Das gibt ihm den Mut, sein Spiel zu spielen, und er wartet einfach ab.

„He, Mustafa, mach jetzt keinen Stress, ich besorg dir diesen Schein noch. Ist doch keine große Sache für mich, schwieriger ist das mit dem polizeilichen Führungszeugnis, du weißt, du bist aktenkundig bei den Bullen, aber wenn du mal was Richtiges brauchst, Geld, Frauen, ich kenn mich aus.“

Mustafa wartet. Wie er es hasst, ausgetrickst zu werden. Und totzdem versucht er mit einem Scherz, die Spannung zu verringern. Er muss Massa bei Laune halten: „He, Massa, nur Falschparken! Massa, ich habe nur falsch geparkt, nur zweimal vor der Polizei, nur mal falsch geparkt!“

Mustafa fühlt sich angespannt, ist unter extremem Druck, er braucht das Führungszeugnis, sonst wird er noch abgeschoben, das geht ganz schnell. Aber jetzt, wo sich doch die Dinge so gut entwickeln. Er braucht eine Zusage, er braucht das Versprechen jetzt, aber was ist es wert?

Massa lacht höhnisch auf: „Was sagst du da, Falschparken? Habe ich richtig gehört, war das nicht doch bei Rot über die Fußgängerampel und sich dann erwischen lassen? So blöd muss man sein! Du hast zwei Pakistani die Fresse poliert, und zwar nicht zu knapp, und dann deine Drogen ... hör auf, du Falschparker. Quatsch doch nicht rum, du Idiot! Für wie dumm hältst du mich eigentlich? Das war gefährliche Körperverletzung, ich kann dir kein Zeugnis schreiben. Stell dir vor, was passiert, wenn das rauskommt, dass ich einem Schläger einen Persilschein gegeben habe, du warst der, der die Pakistani auf dem Gewissen hat, das weiß die Bullerei ... "

„Aber, Massa, die wissen doch nichts von dir, du bist doch für die einer mit sauberen Händen! Aber was ist, wenn ich denen was flüstere?"

„Du drohst mir, du elender schwarzer Wurm?"

Massa atmet schwer, sein massiger Brustkorb wirkt wie eine Bombe, ein schweres Kaliber.

Er ist zwar schwer, aber er ist verdammt schnell auf den Beinen. Das hatte Mustafa schon einmal bei einer Hinterhofrazzia wegen illegalen Spiels bewundert. Der Dicke war raus, wie ein Pfeil, und er weiß, der kennt keine Skrupel.

Das Duell steigert sich jetzt in seiner Intensität, die Männer giften sich an, jeder kann den anderen riechen, so eng stehen sie sich in dem kleinen Raum gegenüber. Beide haben die Hände zu Fäusten geballt.

Nun aber wird Massa die Zeit knapp. Er sagt: „Okay Bruder, ich helfe dir, aber nur noch einmal, dann ist unsere Freundschaft zu Ende, dann kannst du deine Geschäfte machen, mit wem du willst. Das mit den Papieren könnte ich noch versuchen, ich kenne da einen in der Ausländerbehörde, der ist mir noch was schuldig. Aber das wird schwer, sehr schwer sogar, bei deinen Vorstrafen ... aber halt bloß die Fresse und merk dir eines, keine Polizei!"

Mustafa spuckt auf den Boden, seine Stimme trieft vor Verachtung: „Sag mal, gestern hast du noch getönt, alles easy! Du bist mir ja ein feiner Kumpel, du bist ein Fettsack … Bruder, Bruder, wenn ich das schon höre. Weißt du eigentlich, was ein Bruder tut, was einen zum Bruder macht? Du bist ein Lügner, denkst du wirklich, so einfach geht das mit mir? Du spinnst. So also hast du dir das gedacht. Du willst mich loswerden, gibst mir erst Sicherheiten und hältst kein Versprechen. Ich sollte hier meinen Laden aufmachen und du bleibst selbst sauber, schön im Hintergrund, das haben doch die weißen Menschen, wie du einer bist, immer gemacht. Ihr kommt nach Afrika, versprecht uns das Paradies, bringt uns eure Kultur und dann kriegen wir erst die Krätze, dann den Alkohol und später eure Waffen, um uns gegenseitig zu erledigen."

„Und du, du willst hier einen kleinen schäbigen Handel aufziehen! Bist du etwa besser? Los, mach hinne, ich muss hier raus, meine Karre steht da draußen auf dem Präsentierteller, los, ich habe nicht ewig Zeit!"

Massa ist jetzt auf 180, und wenn er das ist, dann ist er reizbar wie ein Stier, ohne Rücksicht auf Verluste. Er setzt sich sehr zielstrebig in Richtung Tür in Bewegung.

„Halt, bleib stehen, ich habe weniger zu verlieren als du, du feiner Herr! Und dann noch Massa, dass ich nicht lache! Du wartest hier im Raum, bis ich fertig bin, sonst mach ich dich fertig, morgen früh schon. Ich muss nur das Zeug verstauen!"

„Los, beeil dich, aber schnell, pack deine Pillen in ein Versteck, ich möchte nicht die ganze Nacht hier mit dir verbringen!" Massa zeigt sich versöhnlich und Mustafa wendet sich jetzt dem Inhalt seiner Tüte zu.

„Warte, ich muss hier nur einen Stein entfernen, dann habe ich ein kleines feines Versteck, aber du bleibst hier und wirst mich später hübsch nach Hause bringen." Er klopft vorsichtig die Wand ab, bis ein Stein hohl klingt. „Der lässt sich leicht rauslösen!" Er nimmt einen Hammer aus der Plastiktüte.

„Aber mach bloß nicht so viel Lärm, du Pfuscher, ich warne

dich, bald kommt die Kontrolle." Massa schaut auf die Uhr. „Du kannst das Zeugs auch vorläufig hier verdeckt in der Ecke lagern, die Gäste haben hier keinen Zutritt, morgen ist hier Bezug. Der gesamte Keller aber bleibt frei, hier unten werden keine Gäste untergebracht, die schlafen feudal in den Obergeschossen!"

„Warte einen Moment, ich bin gleich so weit." Mustafa dreht sich zur Wand und beginnt mit seiner Arbeit. Er schlägt vorsichtig den Rand der Beschichtung ab, und langsam wird eine Mauerlücke sichtbar, groß genug für ein Versteck, das sich dann später gut, mit einer Klappe versehen, öffnen und schließen lässt.

Zufrieden mit dem Ergebnis will er sich gerade wieder umdrehen, als er zu spät aus dem Augenwinkel bemerkt, dass sich der Dicke in Bewegung setzt.

„Halt, stopp, was soll das?" Er schreit los.

„Also, tschüß Alter, mach es gut und überleg dir gut, mit wem du es zu tun hast, haha!" Und mit einer elegant aussehenden Körperdrehung ist Massa durch die Tür nach draußen verschwunden. Mustafa hört noch, ehe er auch nur die leiseste Chance hat, es zu verhindern, dass die Tür von außen verschlossen wird.

Der Massa hat ihn eingeschlossen, so war das nicht verabredet, und als er die Tür ausprobiert und sie sich nicht mehr von innen öffnen lässt, fühlt Mustafa zum ersten Mal nach langer Zeit wieder Todesangst.

Während sein Gehirn fieberhaft nach einem Ausweg sucht, sinkt er auf den Boden, wie auf der vergeblichen Suche nach einem festen Halt.

Zwei

Mustafa fühlt sich hinterhältig ausgetrixt. Sein raffinierter Begleiter hatte den kurzen Moment blitzschnell und ganz gezielt ausgenutzt, indem er mit dem Verstauen seiner Ware und anderer

Utensilien in dem Versteck beschäftigt war und sich zur anderen Seite des Raumes gedreht hatte.

„Das hier ist inszeniert!“, schießt es ihm durch den Kopf, „das hier ist kein Zufall, so ein mieser Schweinehund!“

Nun ist die schwere Tür zum Gang, der ihn in die Freiheit führen könnte, zack, geschlossen und er sitzt böse in der Falle.

Er ist den Aufenthalt oder gar ein Eingeschlossensein in engen Räumen überhaupt nicht gewöhnt. Dort, wo er herkommt, von sehr weit entfernt, ist er meistens draußen, dort weht immer ein leichter Wind, der vom Meer kommt und nach Salz riecht.

Einmal allerdings ist es ihm schon passiert, nach einer durchzechten Nacht in der Ausnüchterungszelle eingeschlossen worden zu sein. Er hatte damals die ganze Nacht nicht geschlafen, so sehr hatte ihn die Angst gefangen gehalten, da nicht wieder herauszukommen. Wie ein wildes Tier in einem Käfig, so war er sich vorgekommen, hilflos, rettungslos.

Jetzt versucht er tief durchzuatmen.

Ist das sein Ende? Es fühlt sich so an. Dann aber meldet sich seine Jugend, sie wehrt sich, und große Not macht erfinderisch!

Er sieht sich genau um.

Der kleine Raum hat keine Fenster. Dann blickt er nach oben. Die nackte Glühlampe spendet nur schwachen Trost. Immerhin ist der Raum nicht dunkel, wie es damals die Ausnüchterungszelle gewesen war, das hätte er nicht ertragen.

„Was bin ich für ein Dummkopf!“, denkt er, „blauäugig wie ein neugeborenes Kind, ein dummer Junge. Wie konnte ich diesem Mann vertrauen? Warum habe ich ihm gedroht, diesem Schwein, diesem Hund? Aber Selbstmitleid wird mir jetzt nicht helfen, es muss einen Ausweg geben, den gab es immer!“ So macht er sich Mut.

Er schaut an sich herunter. Kramt dann in seinen Taschen. Leer! Ein Handy, aber kein Empfang, kein Messer, nur den Hammer, aber ob der ihm hilft?

Er hockt sich in die Ecke, die am weitesten von der Tür entfernt ist. Dann legt er ein Ohr an die Wand, lauscht, von draußen dringt kein Geräusch zu ihm. Er ruft, er schreit, er tobt, aber er kann kein Echo hören. Einzig sein eigenes Blut hört er rauschen, sein Herzschlag bummert. „Dummkopf ... Dummkopf ... Dummkopf!"

Allein! Auch das ist für ihn eine sehr, sehr angstbesetzte Lage. Da wo er herkommt, in seiner afrikanischen Welt, ist man nie allein und wenn, dann wird man verrückt oder für verrückt gehalten.

Er löscht das Oberlicht, nach einiger Zeit gewöhnt er sich an die Dunkelheit. Die Tür schließt unten nicht ganz hermetisch ab, ganz links in der Ecke bleibt ein Spalt, durch den Luft einströmen kann.

„Gut, so kann ich wenigstens nicht ersticken, wenn ich nicht so rasch von außen befreit werde."

Er atmet tief durch und entspannt sich etwas.

Er kramt nochmals in seinen Taschen und entdeckt in seiner linken Hosentasche ein paar lose Münzen.

Ein Euro ist auch darunter. Er hockt sich auf den Boden vor die Tür. Die Tür ist aus Holz. Er schlägt dagegen. Es hallt nur wenig, die Tür ist massiv, aber nicht zu dick. Er beginnt zu kratzen. Das Geldstück ist leider sehr klein, so hat er zwar wenig Hebelkraft und Kratzfläche, aber nach ungefähr einer halben Stunde steten Arbeitens gelingt es ihm, ein wenig Holz abzuschaben. Es scheint ihm möglich, durch sein stetes Kratzen bald ein kleines Loch zu schaffen.

Seine Schultern schmerzen, diese Anstrengung ist ungewohnt. Er muss eine längere Pause machen, in der er seine Schultern lockert.

Als er wieder weitermachen kann, kommt ihm plötzlich ein altes Lied in den Sinn, ein Lied, das er manchmal am Hafen gehört hat, ein Lied der Dockarbeiter, ein Lied, das den Rhythmus kollektiver Anstrengung begleitet hat, oft unterstützt von Trommelschlägen, ein Lied, das Mut machen soll, die aufgebürdeten Qualen durchzustehen, auszuhalten, auch wenn sie dem Einzelnen unerträglich erscheinen.

Als er das Lied vor sich hinsummt, wird er ruhiger und denkt: „Wenn man mir nur die Zeit lässt, werde ich mich selbst befreien können!“

Das Lied, das in ihm gleichsam aus der Sklavenzeit durch sein kollektives Gedächtnis als Hilfe zur Rettung aus der gefährlichen Situation nach oben ins Bewusstsein steigt, ist ein Arbeitslied afrikanischer Dockarbeiter, nämlich der *Banana Boat Song*, bekannt geworden durch Harry Belafonte.

Drei

Das Präsidium der Bielefelder Polizei ist ein mehrstöckiger Neubau, aus norddeutschen Klinkersteinen errichtet. Die zentrale Behörde liegt am Rande der Stadt an einer der großen Ausfallstraßen.

Die Lage des Gebäudes ist wegen der räumlichen Nähe zum Stadion von Arminia Bielefeld gut gewählt, eröffnet die logistisch gute Position doch die Möglichkeit, schnell und personalintensiv auf etwaige Hooliganaufmärsche oder bei Drohung anderer gefährlicher Situationen rund um den Ball reagieren zu können.

Vor dem Haupteingang sind auffällige, zu einem Kreis aufgestellte, beschriftete Betonblöcke zu sehen, die den direkten Weg zum Herzen der Polizei so begrenzen, dass sich einem nicht erschließt, ob sie zum Schutz oder zur Dekoration gedacht sind.

Der Himmel ist heute bedeckt, aber es bleibt regenfrei, und so stellt Hauptkommissar Johanningmeier nach gemächlicher Anfahrt sein bewährtes Tourenrad im Innenhof des Gebäudes in einem gut genutzten Fahrradständer ab und betritt seine Arbeitsstätte durch den Hintereingang.

Er ist passionierter Fahrradfahrer, was allerdings angesichts der zumeist schlechten Ausstattung der Innenstadt mit Fahradwegen kein ungefährliches Unterfangen ist. Der Ausbau mit Radwegen ist eher dürftig, und so manche Strecke, auch die, die zum Präsidium führt, gleicht einer Harakiriunternehmung.

Die Stadt Bielefeld ist überhaupt, verkehrstechnisch gesehen, ein Ort, der dem Nervenkostüm eines mit dem Auto anfahrenden Besuchers aus dem Umland einiges zumutet. Durch seine Vielzahl von „falsch" programmierten Ampeln und unzähligen Dauerbaustellen trägt die Stadt den Ehrentitel: Die freundliche Baustelle am Teutoburger Wald.

So ist die Stadtbahn, ein ambitioniertes Verkehrsmittel für manche, durchaus eine gute Alternative der auto- und gefahrenfreien Fortbewegung. Diese Stadtbahn gebärdet sich sogar als Untergrundbahn, die zwar nur wenige Kilometer lang ist, aber jedem Besucher kurzfristig die Illusion schenkt, sich hier in einer richtigen U-Bahn in einer richtigen Großstadt zu befinden.

Im dritten Obergeschoss des Präsidiums wohlbehalten angekommen, tritt Johanningmeier, in der selbstverständlichen Gelassenheit langjähriger Berufstätigkeit, seinen allmorgendlichen Dienst in seinem vertrauten Büro mit garantierter Fernsicht bis zum Wiehengebirge an.

Er fühlt sich wohl in dieser zwar provinziellen, aber bemerkenswert weltoffenen Stadt, die auf eine lange sozialdemokratische Arbeitertradition stolz sein kann. In dieser Tradition durften sich auch eine Vielzahl von politischen und sozialen Innovationen entwickeln, die von Bielefeld aus in die Welt geschickt wurden und werden ... vor einigen hundert Jahren die Leinenindustrie mit entsprechenden Auseinandersetzungen der Arbeiterklasse mit dem herrschenden Bürgertum, bis zum politischen und ökonomischen Heute, in dem sich die Stadt durch eine Vielzahl an Bürgerinitiativen und einer Hochschule von internationalem Format auszeichnet.

Johanningmeier stellt sich an das Fenster seines Arbeitszimmers und betrachtet die weiter im Westen liegende Universität mit ihren charakteristischen „Wissenstürmen".

Der Kommissar hat sich vom Automaten auf dem Flur einen Morgenkaffee mit viel Milch und wenig Zucker mitgebracht, legt die Tageszeitung auf den Schreibtisch und hört nebenbei die AB-Mitteilungen von seinem Diensttelefon ab, die sich ihm in einem überschaubaren Umfang präsentieren.

Dann schlägt er die Zeitung auf und entnimmt einem Beitrag im Lokalteil, dass in Bielefeld inzwischen 3000 Asylbewerber eingetroffen sind. 3000 verfolgte, schutzsuchende Seelen, die seit dem Beginn der sogenannten „Flüchtlingskrise“ vor einem Jahr hier vor Ort eine vorläufige Bleibe gefunden haben, bis über ihr Schicksal entschieden wird. Also so folgert er, weniger als ein Prozent der Bevölkerung der Stadt.

Johanningmeier beugt sich über das Presseorgan und vertieft sich weiter in den Lokalteil.

Dort wird in einem anderen Artikel zum Thema aufgezeigt, wie Mitbürger der Stadt den betroffenen Menschen wirksam helfen. Außerdem werden Orte angegeben, wo man Spenden abgeben kann, und benannt, welche anderen Aktivitäten bei der ersten Integration helfen können und durch wen und wie die verschiedenen Aktionen koordiniert werden.

Es ist eine Menge von sozialen Gruppen engagiert, die zum Teil in der konkreten Arbeit mit den Flüchtlingen entstanden ist und die es zu ordnen gilt, damit die einzelnen Aktivitäten nicht verpuffen und ins Leere laufen.

Intelligente Logistik ist gefragt!

Johanningmeier fühlt sich irgendwie schuldig, ohne genau zu wissen, warum: „Ich bin doch auch gebürtiger Flüchtling“, denkt er, „und auch meine Familie wäre ohne die Unterstützung von Ortsansässigen damals nicht oder viel schlechter durchgekommen.

Damals nach Endes des Zweiten Weltkrieges, als eine viel, viel größere Menge von Menschen aus dem Osten hierher kam, in ein zerbombtes, hungerndes und frierendes Bielefeld, auf die allernötigste Hilfe hoffend.

Wer hat denn damals hier alles so gut organisiert?

Die Flüchtlinge aus dem Osten hatten doch auch oft nichts als ihr Leben retten können. Ganz Europa war auf der Flucht gewesen, die einen wollten weg von hier, die anderen kamen hierher, in Not und mit Hunger, in Trecks, in Gruppen oder auch alleine, geschlagene, entmutigte Soldaten, vertriebene ausgebombte Familien, Verwundete, Lagerhäftlinge, Kriegsgefangene, Menschen ohne Dach über dem Kopf, ohne irgendwelche Pläne, nur mit dem Wunsch zu überleben ... und heute ... Heute sind wir die Reichen, die helfen können, helfen müssen ...", denkt Johanningmeier.

Er schüttelt den Kopf. Er hat oft das Gefühl, er verstehe die Welt nicht mehr ganz. Manchmal erwischt er sich dabei, die Zeit bis zu seiner Pensionierung zu berechnen. „Dann werde ich verreisen, mit Annette, und meinen Garten beackern!"

Er hat in der Zeitung auch gelesen, dass eine der Notunterkünfte neben dem Stadion der „Alm" sein wird, ganz nahe an seinem Schrebergarten. Dann kommt ihm der Gedanke, ob damit auch seine Gartenfrüchte, seine Erdbeeren, Tomaten, Hülsenfrüchte und so weiter vom Mundraub bedroht sein könnten. Er muss über sich lachen und sagt: „Johanningmeier, du Oberpolizist, du bist vielleicht ein Schisser!"

Die Tür zu seinem Büro öffnet sich und Annette, die Frau an seiner beruflichen und auch privaten Seite, kommt herein.

„Guten Morgen, mein Lieblingskollege, wie geht's dir, du wirkst so erheitert!"

Johanningmeier fühlt sich ein wenig ertappt, nickt aber und sagt: „Guten Morgen, meine Braut, ehrlich gesagt, ich muss über mich selbst lachen und ich schäme mich auch ... weißt du, andere Menschen kämpfen um ihr Leben und ich, ich fürchte um meine Hülsenfrüchte oder Strauchbeeren ... ich bin doch ein echter Spießer, ein echter Schisser, anders kann ich es nicht nennen!"

Annette lächelt milde und sagt dann: „Denk an Bert Brecht, erst kommt das Fressen und dann die Moral. So sagt der große Dichter: Und weil der Mensch ein Mensch ist, so braucht er was zu essen sowieso, es macht ihn ein Geschwätz nicht satt ..." Annette hatte den Rest ihrer Ansprache leise gesungen.

„Kenn ich, Bettleroper ... Dreigroschenoper, du hast recht. Vielleicht kann ich die Früchte meines Gartens doch dann teilen, wenn die hungrigen Menschen nicht fern sind ... danke, meine Liebe, das zu denken, tut gut."

„Johanningmeier, außerdem, Vorurteile haben wir alle, Ängste auch! Doch komm, wir müssen schaffen, das Böse schläft nicht, gib mir mal den Bericht der Kollegen, die heute Nacht unterwegs waren!"

Vier

Im Rücken der Maschine des Fluges 1337 der israelischen Fluglinie EL-AL geht im Westen die Sonne unter, als sich die Maschine zum allmählichen Sinkflug über die glitzernde Wasseroberfläche des Mittelmeers anschickt.

Im Flieger hat Rainer Sauer aufgrund seiner Behinderung einen Platz mit etwas mehr Beinfreiheit angeboten bekommen, eine mildtätige Gabe der Airline, für die er die Stewardessen, eine nach der anderen, nach der ersten halben Stunde strammen Sitzens dankbar hätte umarmen können, bleibt er doch nahezu schmerzfrei.

Direkt hinter ihm sitzend, schnarcht dezent sein Reisebegleiter, Klaus Meister, etwa seitdem sie die griechische Insel Kreta überflogen haben. Rainer Sauer streckt seine Beine entspannt von sich, atmet tief durch und bestellt sich bei der dritten feschen Stewardess das zweite Glas unleckeren Rotweins, bewusst ignorierend, dass auch dieses Glas ihm sauer in den Magen kneifen wird, und vertieft sich dann seufzend in den Reiseführer mit dem griffschönen Titel „Access to Israel", ein Reiseführer für den behinderten Besucher aus Deutschland ... dem Land der ehemaligen Täter und jetzigen Freunde.

Die zweite, ebenso schlanke Stewardess stöckelt gekonnt durch den Mittelgang der Maschine, sammelt mit sicherer Hand die letzten Müllreste ein und gibt noch die eine oder andere rasche

Antwort auf eine hastig gestellte Frage, ehe sie sich zu ihren Kolleginnen nach vorne zum Cockpit begibt, um sich dort zwischen die beiden anderen Flugbegleiterinnen hinzusetzen und für die bevorstehende Landung festzuschnallen.

Die Stimmung unter den Fluggästen wirkt kurz vor der Landung ein wenig gedämpfter als zuvor, in die frohe Erwartung auf ein neues Land scheint sich auch Flugangst vor der anstehenden Landung gemischt zu haben. Auch Dr. Sauer spürt ein leichtes Unbehagen in der Magengegend, bedenkt dabei aber auch, inwiefern der hohe Säureanteil des konsumierten Rotweins bei seinem mulmigen Gefühl die entscheidende Rolle spielt.

Als Klaus Meister, der junge Kollege von Rainer Sauer, der ihn auf dessen Reise in den Nahen Osten begleitet, aufwacht, räkelt er sich heftig, soweit das in dem engen Sitz hinter Sauer überhaupt möglich ist. Das Ende seines hoffentlich seligen Schlummers wird dadurch bestimmt, dass der Pilot seine letzte Ansage in der Luft vor der Landung an seine Fluggäste schickt.

„Na, Klaus, du Penner, hast du etwas Schönes geträumt?“, fragt Rainer Sauer, ein wenig neidisch auf seinen Kollegen, weil der offensichtlich einfach so schlafen kann, was ihm besonders in der Öffentlichkeit meist schwerfällt, befürchtet er doch, dass ihm dünne Speichelfäden aus dem Mundwinkel kriechen könnten.

„Junge, was könnten die Nachbarn von uns denken?“, lautet sein mütterliches Erbe, das immer zu befolgen auch sehr hinderlich für die Entfaltung der eigenen Persönlichkeit sein kann.

„Nee, Rainer, leider nichts Schönes, ich habe mich in dem letzten Traum, bevor ich profan aufgeweckt wurde, mit dem weltbekannten psychologischen Experiment von Stanley Milgram beschäftigt.“

Klaus Meister ist ein überzeugender Meister des schwarzen Humors, weswegen Rainer Sauer sich manchmal unklar darüber ist, ob sein Reisebegleiter seine Antworten auch immer ganz so gemeint hat und er sich wirklich träumend mit diesem Experiment auseinandergesetzt hat oder ihn nur auf den Arm nimmt.

Klaus Meister lacht: „Mensch, Rainer, du ewiger Bedenkenträger, wir fliegen doch nach Israel, Eichmann-Prozess, erinnerst du dich? Die Banalität des Bösen."

„Klar, Hannah Arendt!" Sauer lacht ein wenig widerwillig mit. „Verstehe ich gut, dass du das träumst, es ging ja in diesem Experiment darum, dass der ganz normale zivilisierte Mensch, also zum Beispiel du oder ich, in bestimmten Situationen bereit ist, Menschen zu quälen, zu bestrafen, die ihm völlig unbekannt sind. Kurz gesagt, es geht um unkritischen Gehorsam gegenüber Autoritäten und, allgemein gesagt, stellen wir die Rationalität über unsere Emotionalität!"

„Ja, genau, das ist doch in dieser Situation beim Einchecken so gewesen, wir wehren uns wohl, aber nur innerlich, aber ... wir machen doch alle mit!"

„Wir Psychologen sind doch immer im Dienst!"

„Tag und Nacht!"

„Und, was sagt uns die Wissenschaft?"

„Leider nichts Schmeichelhaftes über unsere Spezies, wir sind schneller verführbar, als wir gemeinhin wahrhaben wollen! Ja, und gehorsam, wenn alle gehorchen und wir nett behandelt werden ..."

Das Flugzeug sinkt jetzt schnell, die weiße moderne Stadt am Meer kommt näher und näher, von oben sieht man die Skyline, die Meeresbrandung, dann, hinter den Hochhäusern, die niedrigere Bebauung von Jaffa, bis die Reifen ihres Flugzeugs unsanft die Landebahn berühren.

Einige Momente später entladen sich, erleichtert über die gelungene Landung, die aufgespeicherten Spannungen der Fluggäste in einem spontanen Applaus des Dankes an die versammelte Crew.

„Flugangst ist ein verbreitetes Phänomen", sagt der klinische Psychologe und atmet tief durch.

„Der Mensch ist kein Vogel!", antwortet sein Begleiter.

Es ist schon dunkel, als die beiden Psychologen das Terminal des Flughafens Ben Gurion von Tel Aviv verlassen. Klaus Meister zieht ihre Koffer hinter sich her, Rainer Sauer, in seinem Rollstuhl sitzend, rollt ihm voran, indem er mit Elan die Greifräder seines fahrbaren Untersatzes antreibt, angezogen von dem Wunsch, die schmucklose Airporthalle so schnell wie möglich zu verlassen und nach draußen zu gelangen.

Dort empfängt die beiden ein überraschend milder, lauwarmer Luftstrom, angefüllt mit einem intensiv süßlichen Beigeschmack, der sie zugleich belebt wie betäubt.

Ganz überrascht macht Rainer Sauer halt und genießt. Die Luft hier erscheint ihm wie eine einladende Versuchung, sich leichtsinnig zu verlieben, vielleicht in dieses faszinierende Land, in noch unbekannte Menschen, in das volle, pralle Leben.

Diese Luft, geschwängert vom Jasminduft, kommt ihm vor wie eine gelungene Entschädigung für all die gegensätzlichen Gefühle, denen er ausgesetzt war, bevor sie das Land betreten durften. Sie erscheint ihm so, als ob einem schon am Eingang zu einem Kunstgenuss, wie etwa bei einer Ausstellungseröffnung, einer Vernissage, auf einem silbernen Tablett ein Gläschen prickelnder Krimsekt angeboten wird.

„Herzlich Willkommen, amüsieren Sie sich – Welcome to Israel!"

Der von Deutschland aus vorgebuchte Kleinwagen steht, wie mit der Autovermietung verabredet, auf dem Parkplatz vorm Flugplatz bereit, der Rolli passt, mit etwas Geschick platziert, bequem in den Kofferraum, und die beiden Psychologen fahren, adrenalingeschwängert, ihre ersten Kilometer in der Fremde zu ihrer Unterkunft, einem Appartement im Kibbuz „Hotel Shefajim", etwas nördlich von Tel Aviv gelegen. Der Kibbuz liegt, wie die Großstadt Tel Aviv, ebenfalls direkt an der Mittelmeerküste.

Bei der Anfahrt zum Hotel auf einer Schnellstraße schaut Sauer interessiert aus dem Fenster. Einige erste Eindrücke erinnern ihn sofort an andere Urlaube im Süden Europas. Das lässt ihn etwas ruhiger werden, liegt doch in den Erinnerungen eine gewisse Vertrautheit.

Die regionalen Auffälligkeiten im Kontrast zu Zuhause sind zum Beispiel gelbe Markierungen auf der Fahrbahn, weiße, einstöckige Gebäude, verstreut ins Gelände geworfene schmutzweiße Wohnwürfel, windzerzauste Palmen, die sich müde im Nachtwind bewegen, und eine gewisse Menschenleere, die besonders jetzt, in den späten Abendstunden, auffallend ist.

Die ersten Eindrücke wirken so beruhigend, dass die beiden Besucher die neue Umgebung wortlos auf sich wirken lassen können.

Nachdem sie die halbstündige Autofahrt bis zu ihrer Unterkunft zurückgelegt und den Wagen verlassen haben, empfangen sie ein hoher herrlich entfalteter Sternenhimmel und eine friedliche Stille. Von weit entfernt kommend, hören sie bellende Hunde, die sich sich wohl miteinander oder mit den Sternen unterhalten.

Sauer muss an die Geburtsgeschichte Jesu denken, dessen Eltern, will man der Bibel glauben, hier, Maria war hochschwanger, auf der verzweifelten Suche nach einer Unterkunft waren und dann in Bethlehem in einem Stall landeten, weil sie „keinen Raum in der Herberge“ fanden.

„Für die heutigen Flüchtlinge in der ganzen Welt wäre es wunderbar, wenn auch sie gute Sterne hätten, die ihnen dabei helfen, eine Unterkunft zu finden“, sagt Rainer Sauer und schaut sich in der neuen Herberge um, die sie gerade bezogen haben.

„Wir haben Vouchers, keine Angst mein Lieber, wir haben alles vorbestellt.“ Klaus Meister ist gut im Organisieren und im Erkennen von Irritationen beim anderen.

Rainer Sauer, der noch nichts davon ahnt, dass sich aus dieser Reise für seinen persönlichen Lebensweg eine Menge an Anregungen und sogar ein großer Auftrag ergeben werden, hatte vor einiger Zeit seinen jüngeren Kollegen gefragt, ob er Lust hätte, mit ihm mitzufahren, um ihn, den viel älteren Kollegen, trotz der dortigen politisch bedrohlichen Lage und dem Ausmaß der schwer zu kalkulierenden Anstrengungen zu begleiten.

Israel ist, damals wie heute, eine sicherheitspolitisch sehr unruhige Region, im Land ereignen sich immer wieder viele Attentate, Hunderte von Unschuldigen sterben, die Intifada, der sogenannte

„Krieg der Steine", flackert immer wieder auf und entlädt sich in immer neuen Hasswellen, Provokationen, Racheakten, Vergeltungsaktionen, wobei beide Seiten sich gegenseitig beschuldigen, sich nicht an Vereinbarungen über Waffenruhe gehalten zu haben.

Und es mangelt, das ist sicher das Schlimmste, es mangelt doch dem Land, der erbittert umkämpften Region von Palästina, an jeder realpolitisch positiven Perspektive.

Vor Reiseantritt musste in Deutschland eine Menge gut geplant werden, unter anderem Ersatzschläuche für die Rollstuhlbereifung, damit Vertrautes mit Neuem so gebündelt werden konnte, dass Sicherheit und Herausforderung in einem guten Verhältnis zueinander stehen, wie zwei Freunde in der Not.

Als die beiden Reisenden sich provisorisch in ihrem Urlaubsdomizil, für die ersten zwei Tage in Israel vorgebucht, eingerichtet haben, köpfen sie eine Flasche israelischen Rotwein der Rebsorte „Syrah" von den Golanhöhen.

„Hm, lecker, dagegen war der Wein aus dem Flugzeug unterste Schublade!" Rainer Sauer schnalzt mit der Zunge. „Weißt du, Klaus, Jesus ist doch hier auf dem See Genezareth gelaufen, die müssen sich doch hier auskennen mit allerlei Wundern. Was hältst du deshalb davon, wenn wir trotz aller Warnungen, die in meinem Behindertenführer benannt sind, auch einige beschwerliche Abenteuer wagen?"

Klaus Meister signalisiert sein Okay.

„Zum Beispiel plane ich, vom Garten Gethsemane am Ölberg ausgehend, zum Tempelberg und weiter die ganze Via Dolorosa entlang Richtung Golgatha zu fahren, nicht ohne mich zu fragen, wie und ob mein Po diese Marterstrecke des Heilands wird unbeschadet überstehen können."

„I will do my very best! Auf dein Wohl, auf eine gute Reise, wenn es mir jedoch zu viel wird, brauch ich eine Auszeit, okay?"

„Wenn ich an den Beginn unserer Reise in Frankfurt denke, dann kann es eigentlich gar nicht mehr schlimmer werden."

Alle Passagiere der EL-AL-Airlines von Frankfurt nach Tel Aviv wurden einer ziemlich genauen Untersuchung ihres Kofferinhaltes, ihres Gewissens und ihrer Motivation bezüglich ihres Besuches in Israel unterzogen.

„Zu Ihrer eigenen Sicherheit: Wir müssen Sie bitten, uns einige Fragen zu beantworten, bevor Sie einchecken dürfen, bitte antworten Sie ehrlich und nach bestem Wissen und Gewissen!"

„Wer hat Ihren Koffer gepackt?"

„Sie selbst ganz allein oder waren noch andere beteiligt?"

„Haben Sie Ihren Koffer allein, nachdem er gepackt war, irgendwo längere Zeit unbeaufsichtigt stehen gelassen, an der Straße, in der Flughalle, auf der Toilette?"

„Wen haben Sie vor, in Israel zu besuchen?"

„Wo werden Sie unterkommen?"

„Haben Sie vorgebucht, wo, Adressen?"

„Entschuldigung, aber wir müssen Sie das alles fragen!"

„Fahren Sie in den Gazastreifen, nach Ostjerusalem, nach Eilat, nach Jordanien oder Ägypten?"

„Planen Sie über die Autonomiegebiete hinaus nach Syrien oder in den Libanon zu fahren, kennen Sie dort jemanden?"

Die beiden Reisenden versuchten, bei der manchmal fast peinlichen Befragung durch geübtes und sehr freundliches Personal der Fluglinie, möglichst glaubwürdig und ruhig zu erscheinen. Gaben an, sie reisten als Touristen, hätten den Koffer selbst gepackt, hätten die Koffer nicht alleine irgendwo unbeaufsichtigt gelassen, sie wollten Land und Leute sehen, die biblischen Spuren besichtigen und Kollegen in der Universität Tel Aviv zu ihrer Arbeit befragen, weil die in ähnlichen Forschungsbereichen arbeiten.

„Welche Kollegen meinen Sie?"

Sauer war irritiert, da er diese Information selbst nicht hatte: „Wir wissen es noch nicht. Wir lassen uns überraschen, aber wir haben einen Termin mit der Leiterin dort!"

„Und wann genau, Tag, Uhrzeit?"

Sie mussten den Detektiven von EL-AL vor deren Terminal, wo sich lange Schlangen von Fluggästen bildeten, sehr genau Rede und Antwort stehen. Alles wurde hinterfragt und sie fühlten sich durch die Art und Weise der intensiven Befragung, wie alle Reisenden auch, einem Generalverdacht ausgesetzt. Da jedoch die Befragung ganz ruhig und von sympathisch wirkendem Personal durchgeführt wurde, bekamen die Opfer keine negativen Gefühle gegenüber den Tätern.

„Es ist schon interessant, wie wir in solchen Stresssituationen reagieren, ein bisschen wie beim Psychologen!“, sagt Rainer Sauer. „Wahrscheinlich geht es manchen meiner Klienten genau so beim Erstgespräch und obwohl ich sie nerven muss, entwickeln sie mir gegenüber keine Antipathie, die Bestand hat.“

Klaus Meister nickt: „Du hast recht, das hat mich auch beschäftigt, wir wurden zwar unter Druck gesetzt, aber ich habe die penetranten Personen, die das tun, nicht abgelehnt, weil sie es so geschickt machen, wie gute Versuchsleiter bei einem Experiment!

Man fühlt sich verdächtig und ist dann dankbar, wenn man doch keinen Verdacht erregt hat. Es spielt eben auch eine Rolle, wie die Befragung durchgeführt wird und wenn man weiß, warum, und dass die anderen Personen auch mitmachen, wenn man sympathische Interviewer hat!“

Als sie die zweite Flasche köpfen, bleiben sie dem paradoxen Phänomen auf der Spur: „Rainer, mal ehrlich, man ist doch wirklich denen noch dankbar, die uns auf so nette Art und Weise behandelt haben, sogar dann noch, wenn man der Befragung entronnen ist.“

„Liebet eure Peiniger oder?“

„Stimmt. Und erst, nachdem alle anderen Mitreisenden auf Herz und Nieren befragt worden waren und auch deren Reisegepäck untersucht worden ist, konnte man dem Nächsten doch wieder offen in die Augen sehen, ohne sich automatisch zu fragen, ob der bärtige Jungunternehmer, der da so tatenlos herumstand oder die dunkelhaarige unscheinbare Dame daneben, die in einer Illustrierten blätterte und nach „Eau de Cologne“ roch, vielleicht nicht doch etwas richtig Böses im Schilde und eine Bombe in der Aktentasche bzw. der Handtasche mit sich führten.“

„Sag mal, mein Guter, mir kommt gerade so eine Idee. Erinnerst du dich an das sogenannte Stockholm-Syndrom? Da wurde doch, was wir heute im Kleinen erlebt haben – Liebet eure Peiniger – an der harten Realität festgestellt."

„Klar, Rainer, erinnere ich mich. Damals in Stockholm – ich glaube es war Mitte der 70er-Jahre – wurden von Terroristen mehrere Geiseln mehrere Tage festgehalten, und das alles unter starker Medienbeobachtung. Das Ergebnis war, dass die Geiselnehmer, entgegen der allgemeinen Erwartung, während der Geiselnahme und auch danach von den Opfern nicht abgelehnt wurden. Die Opfer haben die Täter verteidigt und sogar im Gefängnis besucht. Es ist doch verwunderlich, welche Verarbeitungsmöglichkeiten unsere Seele entwickeln kann: Da wird das Böse zum Guten und umgekehrt. Kann uns das Hoffnung geben?"

„Los, komm, lass gut sein, ich schlage vor, wir pennen, ich muss meine Matratze besuchen, und morgen ist unser erster Tag im Land der Wunder!", sagt Rainer Sauer, als er zufrieden bemerkt, dass er seinen ersten Schwips in der Fremde hat, und freut sich auf den neuen Morgen.

„Shalom!"

Auch sein Reisebegleiter und Unterstützer Klaus Meister packt die Zahnbürste aus, und so segeln beide nach kurzer Zeit in ihre Träume, immer entlang der Weinfelder am Golan, Klaus Meister mit dem Gleitflugfallschirm, Sauer im Fesselballon, je nach Hobby.

Fünf

Am Morgen sind Sauer und sein Begleiter aufgebrochen. Die Autofahrt von Eilat am Roten Meer, wo sie geschnorchelt hatten und die Ruhe genießen duften, ganz im Süden von Israel bis in den Norden dauert mit dem Auto viele Stunden. Der Negev ist eine Geröllwüste, zunächst zwar eintönig, aber dann, als die beiden Touristen ihre Augen schweifen lassen, entdecken sie die vielen Greifvögel in der Luft, hier gibt es für Ornithologen ganz viel zu entdecken. Rainer Sauer, der sich angesichts der ungeheueren Weite der Wüste etwas verloren fühlt, tröstet sich mit leicht erotischen Anmutungen, die ihn angesichts einiger lang gestreckter Bergrücken überfallen.

Gegen Mittag erreichen sie das Tote Meer. En Boquek ist der erste größere Ort, in dem sie entgegen ihrer Planung übernachten, weil die Straße weiter gen Norden durch eine Gerölllawine versperrt war.

Der Badeort ist ein Labsal für alle Hautpatienten. Es juckt Rainer Sauer sofort am ganzen Körper, als er die vielen Hautkranken sieht, die in dem Heilklima an der Heilluft Heilung suchen.

Am nächsten Morgen dann geht die Fahrt weiter.

Der Kontrast ist ungeheuer. Während der langen Fahrt, immer am Toten Meer entlang, atmet die Natur in ihrer Kargheit und Unbelebtheit etwas Bedrohliches. Auch ist die Gegend geschichtsträchtig wie kaum eine andere Region der Welt, mit der Felsenfestung Masada, der Judäischen Steinwüste, wo die Steine viele Geschichten von Tod und Verderben erzählen würden, wenn sie denn sprechen könnten.

Rainer Sauer erlebt in dem Augenblick, als sie den üppigen Kibbuz erreichen, ein erhabenes Gefühl der Erleichterung, das den Wanderer in der Wüste treffen kann, wenn er endlich die Oase erreicht hat. „Ich bin gerettet!" Die Oase mit ihrer ganzen verschwenderischen Blütenpracht ist im Vergleich zu der wüstenartigen Umgebung einer realisierten Fatamorgana gleich, fast eine Frechheit der Natur.

Rainer trägt dieses Erlebnis auch noch mit sich, als er nach einem guten Abendessen am überladenen Buffet des Kibbuzims die gut hundert Meter lange Strecke zu seinem Bungalow gemütlich herunterrollt.

Als er an einer auf einer Bank sitzenden Israelin vorbeifährt, spricht sie ihn an: „Pardon, ich möchte Sie etwas fragen. Wie kommen Sie heil zum Meer hinunter? Ich bin nämlich mit meiner sehr alten Mutter hier, die wie Sie auch im Rollstuhl sitzt und gerne einmal im Toten Meer baden möchte. Sie leidet wie viele hier an einer hartnäckigen Schuppenflechte und erhofft sich Linderung!" Sauer ist froh, etwas tun zu dürfen, und macht eine einladende Geste.

„Es ist ganz einfach, Sie können zusammen von der Rezeption aus das rollstuhlgerechte hauseigene Shuttle nehmen, das fährt jede ganze Stunde! Unten am Ufer ist es flach, dort können Sie Ihrer Mutter leicht helfen, das Gelände ist gut befestigt, es gibt aber auch Angestellte, die gerne bereit stehen, um Sie zu unterstützen, besonders wenn Sie ins Wasser wollen oder sich duschen müssen!"

„Wie schön sie ist", denkt Sauer und wird rot, als er merkt, wie er die Frau betrachtet. Die Frau schlägt ihrerseits die Augen nieder.

Als er sich etwas gefangen hat, berichtet er, wie es ihm als Nichtschwimmer gelungen ist, ins Wasser zu kommen, sich dort auf dem Rücken liegend vom warmen Salzmeer umspülen zu lassen und wie aus einem Jungbrunnen wieder hinauszukommen.

Später am Abend findet im Kibbuz ein Fest statt. Jom Kippur, das Versöhnungsfest, da hat jeder einen Tag lang die Möglichkeit, sich zu entschuldigen.

Sauer fällt die Schuld der Deutschen ein. „Ich fühle mich auch schuldig, obwohl ich nach dem II. Weltkrieg geboren bin."

Als die Klezmermusik ertönt, ist der Veranstaltungsraum voller Gäste. Sauer sieht sich um und kann die schöne Frau nicht finden. Er spürt eine leichte Enttäuschung und will sich gerade zurückziehen, als er sie, eine alte Dame im Rollstuhl vor sich her schiebend, im Eingangsbereich entdeckt.

„Wir kommen aus Haifa," verrät die Tochter Rainer Sauer im späteren Gespräch. „Meine Mutter gehört zur ersten Generation deutscher Emigranten, die gegen den Widerstand der Palästinenser und Briten hierher vor dem Naziterror geflohen sind, um den Staat Israel zu gründen."

„Havanna Gila!" Die Menschen bringen ihren Gründungsenthusiasmus zum Ausdruck und einige beginnen zu tanzen. Auch die ältere Dame schließt die Augen und sieht glücklich aus.

„Der lange Weg nach Haifa war eine einzige Horrorreise, erst durch halb Europa, der Krieg war noch nicht zu Ende, Frankreich, Marseille, dann ein Schiff bis Malta ... dass meine Eltern das geschafft haben ... ein Wunder, danke, oh Gott! Der Großteil meiner Familie war ausgelöscht, von den Nazis, und auch hier in Palästina waren wir nicht willkommen.

Warum haben wir keine Existenzberechtigung? Es steckt uns allen in den Knochen, es wird niemals beendet sein, der Krieg bleibt ins uns!"

Sauer versucht irgendwie sich zu erklären, er stammelt ein paar Worte, deutsch. Die alte Frau nickt und sagt: „Sprechen Sie ruhig, Sie sind zu jung, um schuldig zu sein, und Ihre Sprache ist ja auch meine Sprache, sie gefällt mir immer dann, wenn sie nur nicht zu laut wird!"

„Morgen komme ich zum Strand!" Sauer verabschiedet sich bald von Mutter und Tochter, hat er doch das Gefühl, nicht hierher zu gehören. Mit in seine Träume kann er die Berührung der Frau zum Abschied mitnehmen, den Duft ihrer Haare und den leichten Händedruck. Auch noch heute gelingt es ihm, sich diese Berührung vorzustellen und zu fühlen. Kurz vorm Einschlafen, wie ein vages Versprechen, eine Anrührung.

Gar nicht laut!

In seiner Jackentasche findet er, als er schon in Tel Aviv angekommen ist, eine schlichte Visitenkarte mit einer Telefonnummer, auf der ein schöner Name zu lesen ist: Sarah Kirschstein.

Sechs

Tel Aviv ist eine sehr lebendige Stadt, mit einer geradezu positiv provokativen Energie, hier regiert die Lebenslust. Rainer Sauer hat nicht den Eindruck, wenn er von den vielen Kontrollen einmal absieht, er besuche eine Stadt, deren Staat sich immer wieder am Rande eines Ausnahmezustands befindet. „Wenn man hier den

Hass sucht, dann wird man ihn hier nicht sehen können. Vielleicht in Jaffa, dem arabischen Teil von Tel Aviv, in der Nacht, oder auf den Straßen von Ramallah im palästinensischen Autonomiegebiet oder an den vielen Check-Points, an denen man die Identitäten überprüft", sagt er zu seinem Kollegen, der ihn weiter unverdrossen und mit leichten Rückenbeschwerden durch die Straßen schiebt.

Nun sind die beiden schon eine Woche in Israel unterwegs, zunächst von Tel Aviv aus nach Jerusalem, dann in den Norden bis zu den Golanhöhen, hinüber zum Toten Meer, und dann durch den Negev, die Wüste Sin, ans Rote Meer, wo beide zum ersten Mal im Leben schnorcheln und die Unterwasserwelt betrachten können.

Zurück in Jerusalem haben sie die Gedenkstätte Yad Vashem besucht, ein Besuch, der sie als Reisende sehr zusammengeführt hat, gemeinsames Trauern in der „Straße der Aufrechten" und überwältigende Gefühle im „Haus der Kinder", Gefühle, die die Nähe zwischen ihnen gefestigt hat. Anschließend wohnten sie einige Tage in Neve Shalom, einem Kibbuz zwischen Jerusalem und Tel Aviv, einem Friedensdorf mit pädagogischem Auftrag, ein Ort des Friedens, wo man überzeugt ist, dass Versöhnung gelingen kann.

Heute nun steht der Besuch dieser modernen und schnelllebigen Stadt an, ein aufregender Kontrast zu den historischen Mauern von Jerusalem und den stummen Steinen der Wüste Sin, und Rainer Sauer ist gespannt auf diesen Wechsel in die Neuzeit.

Sauer sieht einen Kiosk und sagt: „Los, dann futtern wir was!" Die beiden Touristen stellen sich an, für jeden zweimal Falafel, eine arabische Köstlichkeit, bestehend aus frittierten Bällchen aus Kichererbsen, vom Straßenverkäufer auf die Hand direkt in den Mund, weil sie vom vielen Umherlaufen in der hellen Stadt einen immensen Hunger bekommen haben. Sitzend und ohne Tisch und Serviette sollte sich Rainer Sauer nach dieser weltoffenen Mahlzeit, in gesunder Gier auf die Schnelle zu sich genommen, schon nach den ersten zwei herzhaften Bissen umziehen.

Aber, „so eine Sauerei auch“, das laut zu sagen, traut er sich nicht. Es ist für ihn, nach ihrem Besuch der Gedenkstätte Yad Vashem, einfach nicht möglich, lauthals Deutsch zu sprechen. Dieses Land ist immer noch randvoll mit von Nazi-Deutschland seelisch verletzten Menschen.

„He, Rainer, du siehst aus, als ob dir frische Klamotten gut tun würden“, sagt sein Begleiter, und so entern sie ein Kaufhaus, um für den Kleckerfritzen ein neues Hemd zu kaufen und machen auch hier wieder die Erfahrung, dass sie von netten und angenehm auftretenden Soldaten und Soldatinnen unaufdringlich nach versteckten Waffen oder Bomben untersucht werden und dass ihnen diese Vorsichtsmaßnahme seltsamerweise überhaupt nicht mehr unangenehm ist.

Sich zu schützen, ist notwendig, denn Täter und Opfer sitzen, wenn es knallt, im selben Boot.

Wenige Gehminuten später erreichen sie das Gelände der Universität. Es ist sehr weitläufig, die Gebäude zum Teil futuristisch, sodass sich die beiden Besucher schnell etwas verloren vorkommen. Im Verwaltungsgebäude müssen sie sich durchfragen. Die psychologische Beratungsstelle liegt abseits des Trubels in einem Nebengebäude. Ob die Kollegen sich über ihren Besuch wirklich freuen, bleibt unklar, deutlich ist, dass sie sachlich korrekt und mit heißem Kaffee willkommen geheißen werden.

Auf Nachfrage berichtet die Leiterin, eine Aschkenasim, Tochter polnischer Juden, ausführlich über die therapeutische Arbeit mit ihren Studenten. Sauer fragt seine israelische Kollegin nach den Themen der Auseinandersetzung zwischen arabischen und jüdischen Studenten auf dem Campus und anderen Schwerpunkten für die psychotherapeutische Arbeit, und diese fragt die Besucher nach ihren Erfahrungen mit den psychologischen Auswirkungen der NS-Zeit.

Im Vordergrund stünden, so die israelische Kollegin, vor allem politische Konflikte zwischen verschiedenen Gruppierungen im Studentenmilieu. Das, was sich in der großen Politik abspiele, spiegle sich auch auf dem Campus wider, dazu religiöse Probleme unter den Israelis und ansonsten die üblichen Probleme in Partnerschaft und Studium.

„Von der Schuld, überlebt zu haben, finden sich“, so die Leiterin der Stelle, „auch in den folgenden Generationen deutliche Spuren, wir forschen darüber und therapieren auch! Und Sie, Herr Kollege, was denken Sie über die NS-Zeit? Wie ist das mit den Folgen in der Tätergeneration und was später? Gibt es Forschungen zu dem Thema?“

Es ist Rainer Sauer unangenehm, dass er zunächst passen muss, es gebe, so fällt ihm ein, einige persönliche Veröffentlichungen von Kindern von Tätern, aber Forschung? Nein, da ist er sich sicher. Systematische Untersuchungen zu dem Thema „Der Holocaust und seine Auswirkungen in den folgenden Generationen“, das heißt spezielle Folgen auf die Täter- und nicht auf die Opfergeneration, gibt es noch nicht. Etwas schwach fügt er erklärend hinzu: „Vielleicht ist die Zeit noch nicht reif dafür.“

Als Fazit dieser Gespräche und folgender, vor allem mit Klaus Meister, nimmt er sich den „Auftrag“ zu Herzen, und schon auf der Rückreise beschäftigen sich die beiden Psychologen intensiv mit dieser Fragestellung und der Frage der Forschungsanlage und bekommen dabei vor lauter Forscherdrang gerötete Köpfe, sodass für sie der Rückflug wie im Flug vergeht.

„So hat sich“, sagt Rainer Sauer, als sie zur Landung ansetzen, „doch mein Anfangsgefühl gegenüber diesem Besuch bestätigt. Ich habe mich sofort in die Aufgabe, über die Auswirkungen der NS-Zeit zu forschen, verknallt. Dafür danke ich den dortigen Kollegen, und dir darüber hinaus für deine Superbegleitung herzlich!“ Klaus Meister massiert verstohlen seine untere Rückenpartie und sagt: „Schmerzlichen Dank! Und ehrlich gesagt: Das nächste Mal, wenn wir so eine Tour machen, mieten wir uns einen E-Rolli.“ Sauer freut sich über die ehrliche Rückmeldung und sie verabreden einen Termin zur weiteren Vorbereitung des Forschungsantrags in der Fakultät.

Eine qualitative Forschung soll es sein, entscheiden die beiden Psychologen, als das Flugzeug auf der Landebahn zum Stehen kommt. Bei Interviews Betroffener soll der Versuch unternommen werden, die Untersuchung so lebendig und lebensnah wie möglich zu gestalten. Mit Rollenspiel und imaginativen Verfahren sollen die Betroffenen therapeutisch von der Befragung profitieren, egal ob Täter oder Opfer!

„Mensch, Rainer, das ist doch mal eine tolle Sache, du bist in deiner klinischen Arbeit nahe dran!"

„Gebongt!", sagt Rainer Sauer als sie im Zug gen Heimat unterwegs sind, um schon am nächsten Tag, wieder am Boden, mit der Arbeit zu beginnen.

Er sucht sich einen Doktorvater und wird durch die ersten Gespräche mit ihm unterstützt und ermutigt, und so beginnt er bald seine Dissertation zu schreiben. Er rekrutiert „Versuchspersonen", indem er Klienten seiner Generation, der jüngeren und auch der Kriegsgeneration anspricht, um zu erforschen, wie der innerfamiliäre Umgang mit dem heiklen Thema NS-Zeit war beziehungsweise heute ist. Er fragt danach, welche Symptome sich beim Umgang mit der Verarbeitung dieses Traumas einer ganzen Nation finden lassen und wie man sie klinisch bearbeiten könnte.

Zur besseren Organisation der Arbeit mietet er sich für die Untersuchungen ein eigenes kleines Büro im psychologischen Institut.

Wie erwartet bekommt er anfänglich wenige Probanden mit verwertbarem Material aus der Kriegsgeneration, was ihn zwar zu Beginn frustriert, er sich aber auch gut erklären kann, denn viele Zeitzeugen leben nicht mehr und die, die noch leben, sind selten bereit über die unselige Zeit ihrer persönlichen Geschichte zu sprechen.

Diese Scheu hängt vor allem damit zusammen, dass die Betroffenen in den Kriegsjahren oft noch jung waren und die Jugendzeit schon mal per se für die meisten eigentlich in der Rückerinnerung eine gute Zeit war und so manches, was schwer und leidvoll war, „verdrängt" worden ist.

Hier tauchen Tabus und selbst verordnetes Schweigen auf, wie Mauern und Schlösser!

Sieben

Die hohen weißgetünchten Betonkolosse der Universität Bielefeld ragen am Rande der Stadt wie futuristische Menetekel einer Wissenschaft in die Höhe, die sich dem Anschein nach am liebsten mit sich selbst in Türmen aus Elfenbein aufzuhalten und zu beschäftigen scheint.

So fällt es zivilen Besuchern wie auch Herrn Haller zunächst schwer, die Scheu, hier ein Fremder zu sein, zu überwinden und sich durch die Gänge zu bewegen. Eine Scheu, die einen unwillkürlich beschleicht, wenn man hierhin eingeladen wird, um sich untersuchen oder beraten zu lassen. Sie scheint auch Herrn Haller ergriffen zu haben. Er stellt sich namentlich mit dünner und unsicherer Stimme vor.

Nach dieser noch sehr defensiven Begrüßung sagt der Gast, sich langsam öffnend, weil er von dem Untersuchenden freundlich begrüßt wird: „Ich bin 82 Jahre alt und soll Ihnen von meinen Kriegserinnerungen berichten. Ich habe mich zur Teilnahme an Ihrem Forschungsprojekt gemeldet, weil mir mein Sohn, der bei Ihnen in psychologischer Beratung ist, davon erzählt hat. Bitte erwarten Sie nicht zu viel von mir, aber ich wurde ganz und gar von der Vorstellung eingenommen, dass ich erzählen darf, was mir geschehen ist, und, ehrlich gesagt, ich verspreche mir von Gesprächen mit Ihnen auch eine Entlastung und eventuell sogar eine Entscheidungshilfe!"

Sauer ist ganz überrascht und so freudig erregt, dass er fast vergisst, wie er nun vorgehen muss. Also bedankt er sich zunächst herzlich, gibt einen ersten Einblick in die Untersuchung und verabredet dann einen Folgetermin, um inhaltliche Schwerpunkte der Befragung genauer zu besprechen und gegebenenfalls auch schon mit der Zusammenarbeit zu beginnen.

In Absprache mit Herrn Haller stellt er beim nächsten Treffen schon zu Beginn des Gesprächs sein Tonbandgerät an und macht sich parallel dazu auch noch schriftliche Aufzeichnungen.

Der Forscherdrang beflügelt ihn mächtig, und er versucht seine

Aufregung in den Griff zu bekommen, damit seine Objektivität nicht allzu sehr leidet.

„Ich bin pensionierter Deutschlehrer und hatte im zweiten Fach Geschichte. Ich leide an einer Vielzahl von Symptomen, die Ärzte nennen es Psychosomatik, vor allem quälen mich Albträume vom Krieg. Ich war Sanitäter und höre die Schreie der Verwundeten und sehe die aufgerissenen Leiber der Toten. Als Sanitäter musste ich oft auch direkt tätig werden. So habe ich jungen Soldaten, die bei vollem Bewusstsein waren, Gliedmaßen abnehmen müssen. Glauben Sie mir, diese Arbeit war, wenn auch notwendig und manchmal Leben rettend, fürchterlich aufreibend.

Meine Albträume haben sich übrigens rasend schnell verstärkt, nachdem ich in Pension gegangen bin, vor ein paar Jahren ... als ob meine Kriegserinnerungen nur gewartet hätten, bis sie die Gelegenheit fanden, sich zu zeigen und mich einzuholen. Können Sie mir helfen?"

Dr. Sauer nickt ermutigend, fragt sich aber auch, „wen ermutige ich eigentlich, mich oder ihn?"

„Es war 1943, vor Weihnachten, und allen Soldaten war bitterkalt, viele hatten den Glauben an ein siegreiches Kriegsende schon längst verloren", mit diesen deutlichen Worten beginnen die Berichte, die per Tonband aufgezeichnet werden.

Georg Haller berichtet bei den ersten Kontakten erst zögernd, dann im weiteren Therapieverlauf immer flüssiger über seine Kriegserinnerungen.

„Wissen Sie, Herr Sauer, unsere Truppen, also die deutsche Wehrmacht, befanden sich nach der schweren Niederlage im Winter in Stalingrad in breiter Front auf dem Rückzug nach dem Motto: Vorwärts Kameraden, wir müssen zurück."

Hallers Stimme ist beim letzten Satz voller Ironie. Dann aber bekommt sein zunächst sachlicher Bericht mehr und mehr emotionale Färbung, als ob er zu einer tieferen Schicht seiner Gefühle vordringt.

„Ich lag in einem Krankenhaus in der oberschlesischen Stadt Kattowitz, zusammen mit anderen verwundeten deutschen Soldaten, mit vielen meiner Kameraden und sogar einigen polnischen Kriegsverletzten. Ich war verzweifelt, ohnmächtig, voller Schmerzen, glauben Sie mir. Wir wurden von polnischen und deutschen Krankenschwestern und Ärzten versorgt. Das Leiden machte keine Unterschiede zwischen den Schmerzen, keine Grenzen, ich denke heute manchmal, gemeinsames Leiden verbindet und humanitäres Handeln ist unteilbar, obwohl, mit welchen Gefühlen uns die Polen operiert und gepflegt haben ...", Herr Haller räuspert sich, als ob er sich daran hindert, allzu pathetisch zu werden.

Dr. Sauer fragt sich, welche Gefühle momentan abgewehrt werden.

„Ich war auch dabei, ich lag hilflos da, hilflos und ohne einen Schutz. Und doch gab es Momente des Lächelns, zum Beispiel mit dieser Krankenschwester, die war für mich ein vager Lichtblick in der Finsternis geworden." Die Stimme von Herrn Haller bekommt an dieser Stelle eine traurige und verschwörerische Begleitmelodie.

Sauer gibt ihm Zeit, wartet ab. Um Herrn Haller eine Brücke zum Gefühl zu bauen, im Dialog mehr Direktheit herzustellen, macht er folgenden Vorschlag: „Ich versuche Ihnen mein therapeutisches Vorgehen und meinen Forschungsansatz kurz zu beschreiben. Es geht mir um die Frage, ob es therapeutisch wirksam ist, wenn die Einfühlung der Täterseite in die Opferseite gefördert wird? Und das auch noch heute, viele Jahre später? Wenn man also zeitversetzt Einfühlungsprozesse initiieren würde, könnten dadurch innere Versöhnungsprozesse in Gang gesetzt werden und dadurch wiederum Heilungsprozesse?

Ist das schon verständlich? Gut, dann an Ihrem eigenen Beispiel! Ich werde Sie jetzt bitten, sich möglichst lebensnah an Ihre Kriegszeit zu erinnern, dann an diese Krankenschwester zu denken, und dann werde ich Sie bitten, das, was geschehen ist, zunächst aus Ihrer Sicht und dann aus der Sicht dieser polnischen Schwester zu schildern."

Herr Haller ist irritiert, spürt er doch schon jetzt, wie schwer es ihm fallen wird, das, was er erinnert, in Worte zu fassen, es genau zu erzählen, nach vielen Jahren des Schweigens über das massenhafte Sterben.

Er denkt einen kurzen Moment nach und willigt dann ein.

„Gut, ich werde es versuchen," Herr Haller nickt sich quasi Mut zu. „Ich versuche es Ihnen also jetzt hier so zu erzählen, wie ich es erlebt habe, das ist doch Ihre Methode, und ich spreche dann aus Sicht des anderen ... um mich einzufühlen? Vielleicht müssen Sie mir helfen?"

Sauer nickt bestätigend: „Genau, auch wenn es schwerfällt, versuchen Sie das Erleben des anderen aus dessen Sicht zu beschreiben. Und dann, das ist therapeutisch besonders wichtig, erzählen Sie das Erlebte auch noch in der Gegenwartsform."

Herr Haller stöhnt und nickt dann: „Das ist zwar ungewohnt, aber ich werde es versuchen, Sie können mir ja helfen, wenn ich es nicht richtig mache oder es nicht geht." Er setzt sich aufrecht hin, signalisiert Bereitschaft.

„Ganz einfach gesagt, die Liebe siegt über den Hass, so habe ich es auf jeden Fall erlebt", und er schluckt, als ob er einen zu großen Brocken herunterbekommen muss. „Schon meine Mutter hat von mir gesagt, ich habe verräterisch nah am Wasser gebaut, das können Sie mir glauben, damit sollte man nicht in den Krieg ziehen!

Ihr Name war Bogdana, den Nachnamen weiß ich nicht, bis heute nicht." Wieder glitzern Tränen in den Augen von Herrn Haller.

„Gut, Herr Haller, aber beginnen Sie mit dem Satz: Mein Name ist Bogdana! Seien Sie hier in dem Gespräch mit mir diese Frau, sehen Sie alles aus ihren Augen und erzählen Sie alles in der Gegenwartsform! Als Hilfe müssen Sie, je nachdem, wer Sie sind, die Stühle wechseln!"

„Okay, auf dem Bogdanastuhl sage ich: Mein Name ist Bogdana ... das ist aber gar nicht so leicht ... aber, wenn Sie sagen, das könnte gegen meine schrecklichen Kriegsträume etwas helfen ... Ich, Bogdana, habe vor dem schlimmen Krieg einen kleinen Laden in der Innenstadt von Kattowitz betrieben. Auch der ist, wie viele Träume und Illusionen im Laufe der ersten Kriegstage, bereits verloren gegangen, ist geplündert und zerstört worden. In der Luft haben die deutschen Stukas leichtes Spiel, am Boden die Panzer. So habe ich, um mich und meine Eltern durchzubringen, im Kattowitzer Franziskus Hospital als Hilfsschwester eine Arbeit angenommen, mein Mann ist bei den Partisanen, aber schon seit Beginn des Krieges verschollen, ich befürchte, er lebt nicht mehr, denn ich habe keine Nachrichten von ihm."

Herr Haller wirkt jetzt voll konzentriert.

„Gut so, das machen Sie sehr gut!" Rainer Sauer ist zufrieden.

„Es ist ein eisiger Winter im Jahre 1944, wir hoffen alle auf die Rote Armee, dass sich der riesige, russische Bär endlich zu seiner vollen Größe aufrichtet und wutverzerrt seinen stahlharten Atem nach Westen schickt. Wir Polen hoffen, er wird bald hier sein, auf seinem Weg, um Hitler aufzufressen, wie ein altes Dorfschwein. Ein Teil meiner Familie ist zurück aufs Land gezogen, in unser altes Dorf, wo viele von uns wohnten und arbeiteten, bevor uns die Bergwerke für Kohle und Stahl von den Deutschen gestohlen wurden. In der Stadt und auf dem Land gibt es viele Anschläge und auch Sabotageakte, denn wir wollen nicht mit den Nazis kollaborieren, die Deutschen benehmen sich wie die Tiere, sie nehmen immer wieder Rache, hängen, erschießen, Frauen, Kinder ... viele sind aus der Stadt geflohen, auch, um wenigstens ihr Leben zu behalten."

Herr Haller ist jetzt sicher in dem Wechseln der Rollen und scheint sich immer besser zu identifizieren.

„Weil offiziell von deutscher Seite verboten, summen, pfeifen wir Kattowitzer unsere Nationalhymne nur leise: Noch ist Polen nicht verloren ..." Herr Haller brummt eine paar Töne der Hymne.

Der nächste Rollenwechsel klappt nun schon viel besser: „Jetzt bin ich Georg. Der überlegene Feind jagt uns, die Herrenmenschen, wie Schwerstverbrecher, die wir ja auch sind, und nicht zu knapp, vor sich her, Partisanengruppen leisten im Land zunehmend Widerstand, die wenigen noch verbliebenen Juden werden in Ghettos zusammengetrieben und dann abtransportiert. Wir bezahlen für die Denunzierung und Erfassung versteckter Juden durch die Polen mit guter Münze."

Durch den Rollenwechsel der Stühle wird der Dialog lebendiger.

„Ich, also ich als Bogdana, habe von den Konzentrationslagern gehört, und was man darüber hinter vorgehaltener Hand berichtet, ist so entsetzlich, dass ich mich für die Menschheit schäme, auch für meine Landsleute, war doch auch unser Antisemitismus vor dem Krieg ein verbreitetes Phänomen gewesen.

Mühsam gehe ich die vielen Stufen aus meiner elterlichen Wohnung nach unten auf die Straße. Ich bin zum Umfallen müde, mir ist flau im Magen, mein Unterleib schmerzt. Es ist wahrscheinlich eine Folge mangelhafter Ernährung und Angst, Angst um das Schicksal meines Mannes, meiner Eltern, Angst auch vor meiner Arbeit inmitten von Blut und Verzweiflung. Wenn ich die Augen schließe, stelle ich mir meine Eltern vor, wie wir zusammensitzen, bei einem Namenstag oder so, und wir essen Schokoladenkuchen und trinken Muckefuck oder Tee!"

Sauer bemerkt, dass sich das Einfühlungsvermögen Herrn Hallers verbessert.

„Viele Soldaten, besonders die Deutschen, sind so schwer verwundet, dass ihre Überlebenschancen von Tag zu Tag geringer werden, fehlt es doch an Verbandszeug, Medikamenten, Verpflegung und Personal. Ich frage mich täglich, was habe ich hier zu suchen? Warum pflege ich den Feind? Damit er aufsteht und weiter tötet?

Als ich die Straße hinuntergehe, immer auf der Hut, an die Häuserwände gedrückt, Deckung suchend, weil das Elend sich immer mehr schnell in Gewalt verwandeln kann, jederzeit. Ich beschleunige meine Schritte, das Hospital kommt in Sicht. Meine Angst wird etwas geringer. Heute habe ich einen Plan, der mir gleichzeitig verrückt wie attraktiv erscheint. Ich will ein Zeichen setzen, ein Zeichen von Humanität, und das noch gegenüber dem Feind, für ihn und für mich, ein einfaches Zeichen. Liebe in der

Zeit des Krieges? Darf, kann das sein? Was ist Liebe? Ist das nicht der Versuch, etwas in mir selbst zu retten? Selbstbestimmung, Stolz, Weiblichkeit, Identität? Sicher bin ich mir nur, ich liebe diesen Mann, und weiß, ich darf es nicht."

Sauer hält die Luft an.

„Heute bin ich entschlossen, morgen ist es zu spät, und ich schelte mich, naiv und waghalsig zu sein. Ich denke an meine Eltern, ich denke an meinen Mann. Was ist, wenn er noch lebt? Und die Angst kommt zurück, ich schiebe sie wieder zur Seite. Ist Liebe der ängstliche Versuch, das Schwarzweißdenken zu überwinden?"

Herr Haller steht jetzt auf, er möchte einen Moment aus dem Spiel heraus und sagt: „Das hat sie mir alles so erzählt, sie sprach ja gut deutsch und ich hatte ja genug Zeit im Bett, ich konnte ihr zuhören, jeden Abend, wenn die letzte Visite gelaufen war, dann hat sie sich an mein Bett gesetzt, manchmal sogar, besonders wenn ich starke Schmerzen hatte, meine Hand gehalten, das half mir mehr als Tabletten."

Herr Haller setzt sich wieder, jetzt zurück auf die andere, auf seine Seite.

„Ich, der Sanitätsgefreite Georg, habe bei meinem letzten Einsatz, als ich in einer Feuerpause verwundete Soldaten bergen wollte, einen versehentlich abgegebenen Schuss in die Wirbelsäule abbekommen, ich bin von der Brust aus abwärts teilweise gelähmt, meine Prognose ist unklar. Im Bett liegen zu müssen, verschafft mir plötzlich Freiräume für meine Phantasie. Manchmal stelle ich mir vor, wie auch mein Marschtritt den polnischen Boden gequält hat, nicht auf den Weg achtend, ohne Respekt, weil ich aktiver Teil der Angreifer bin.

Unsere Truppen nehmen im Juni 1941 Kurs durch Ostpolen in Richtung auf den schwarz glänzenden Boden der Ukraine. Kreuz und quer fliehen Hasen, Rehe, Befehle zerstören Brutplätze, Panzer hetzen die fliehenden russischen Truppen.

In den Dörfern ducken sich Kinder tief, verstehen weder Taten noch fremde Laute, gebellte Befehle, wehrlos strecken die Landmenschen Arme empor und fallen in Gräber, werden gestoßen, erschossen, verscharrt vom Meister aus Deutschland.

Die Gräber sind von den Polen selbst gegrabene Löcher, wo Freude und Hoffnung, wo Glaube und Sehnsucht verlöschen.

Und jetzt bin ich hier, werde gepflegt von den Händen, die wir zertreten und gemartert haben, denke ich, ich, der Soldat Georg, schäme mich zutiefst und fühle mich dennoch geborgen, die Scham aber ist geblieben, frisch, bis heute.

Aus meinem Bett, das ganz am Rand des großen Krankensaales steht, kann ich nach draußen sehen. Es liegt hoher Schnee. Mühsam bahnen sich einzelne vermummte Gestalten den Weg zum Hospital Sankt Franziskus, sie können sich kaum auf den Beinen halten, so glatt ist der zum Teil festgetretene Schneeboden.

Plötzlich entdecke ich sie, diese junge dunkelhaarige Frau, ich erkenne sie an ihren leichtfüßigen, fast eleganten Bewegungen, während sich andere Frauen und männliche Klinikmitarbeiter fast unwillig dahinschleppen, läuft die Schwester fast mühelos über das glatte Schneefeld, scheint sie nicht einzusinken. Wohin eilt sie? Woher schöpft sie die Kraft?

Ja, jetzt bin ich mir ganz sicher, es ist Schwester Bogdana, die junge Frau, deren Schritte mir vertraut sind, die mich schon mehrfach verbunden, gewaschen und zum Schutz meine ausgetrocknete Haut mit Öl eingerieben hat. Sie hat grüne Augen, deren offener Glanz mich vom ersten Augenblick an beschenkt hat. Ihre professionelle Zuwendung ist klar und bestimmt, ohne Zögern, eine Wohltat gegenüber manch ruppigem Zugriff ihrer Kolleginnen.

Ich schließe erwartungsvoll die Augen." Haller hält die Augen, jetzt ganz in der Rolle, ebenfalls geschlossen und fährt fort: „Der Heilungsprozess meiner Verletzung ist langwierig und es ist vorgesehen, mich in die Heimat zu verlegen. Und dann kommt der Heilige Abend, es ist, als ob es gestern war.

Es ist kurz nach 16 Uhr, die blaue Stunde draußen scheint auch in den Krankensaal hineinzuwirken. Das Stöhnen der Verwundeten ist fast verstummt. Ich bin gerade etwas eingenickt, ich denke an zu Hause, sorgenvoll, nehmen doch die Luftangriffe auf deutsche Großstädte zu und in einer solchen leben meine Frau Klara und unsere beiden Kinder. Halle an der Saale, meine Heimatstadt, ist mit seinen Industrieanlagen, den Buna- und Leunawerken, erklärtes Ziel der Bombenangriffe.

Eine leichte Berührung am Arm holt mich in die Realität zurück, neben meinem Bett steht Bogdana, lächelnd, und wie wunderschön sie aussieht."

„Ich habe einen Rollstuhl, möchten Sie, möchtest du ...?" Sauer hält den Atem an und Haller fährt in seiner Erzählung fort.

„Ich bin sprachlos, erschrocken und erfreut zugleich. Darf ich, dürfen wir? Ist es nicht der blanke Wahnsinn und eine Erlösung zugleich, nach Wochen strammen Liegens ins Sitzen zu kommen, ohne ärztliche Erlaubnis, ohne tatkräftige Unterstützung? Warum, warum tust du das, warum für mich, ich bin doch Ihr, bin doch dein ... Feind?"

„Ich bin Schwester!"

Bogdana lächelt, und dieses Lächeln besitzt die nötige Zauberkraft, hilft mir zu nicken, mich aufzurichten, mir auf den Bettrand helfen zu lassen, wo mich ein leichter Schwindel empfängt. Bogdana hat sich etwas von ihrem Parfüm angetupft, es duftet leicht süßlich, wie eine Wolke greift mir Jasmingeruch unter die Arme, und mit einem kühnen Schwung trägt er mich, der ich infolge meiner langen Liegezeit ein Leichtgewicht von einem gelähmten Mann geworden bin, vom Bett in den Rollstuhl. Sie umfasst dabei meine Beine, platziert meine Füße auf den Fußbrettern und schiebt mich aus dem abgestandenen Gestank des vollen Krankensaales hinaus auf den Flur.

Alles dobre?, fragt sie. Ich nicke, dobre, dobre, ich lege meinen Kopf leicht zurück, fühle ihre zarten weichen Brüste, sie nimmt meine Berührung wahr und beantwortet sie mit einem sanften Gegendruck. Ich bin glücklich, wie schon so lange nicht mehr.

Später und manchmal auch noch heute, besonders wenn ich krank bin, schließe ich die Augen und denke, gleich wird Bogdana an mein Bett treten. Soll ich so tun, als ob ich schliefe? Nein, ich schaue den Gang hinunter, gleich wird ihr Lächeln die breite Tür öffnen und sich in mein Herz legen.

Warum aber hat sie mich geliebt? Was habe ich ihr gegeben, was sie nicht hatte? Ich werde diese Frage wohl niemals beantwortet bekommen. Sieh diese Leichenberge, die haben die Soldaten Hitlers, und dazu gehörte ich auch, auf ihrem Heerzug durch Polen und weiter nach Osten neben den Straßen aufgehäuft, und auf dem Rückzug erneut verbrannte Erde, verbrannte Dörfer, verbrannte Seelen hinterlassen, wie kannst du mich annehmen?"

Er wechselt die Sitzposition und sagt dann aus Sicht von Bogdana: „Ich lege meine Hand auf seine Schultern, ich atme tief ein und halte die Luft an. Georg, morgen, na domo, nach Hause! Ich sage es leise und ich fühle, wie meine Tränen meine Augen füllen, dann weine ich laut und denke doch, hoffentlich sieht mich niemand, hört mich keiner, denn was hier meine Gefühle mit mir machen, ist illegal, ist gefährlich, für uns beide. Meine Tränen sind Hochverrat, besser ist, wir wissen so wenig wie möglich voneinander, aber noch heute habe ich so viele Fragen."

„Wissen Sie, Herr Sauer, vielleicht ist das alles, was ich Ihnen heute gesagt habe, nur die verklärte Wahrnehmung einer Vergangenheit, die ich am liebsten vergessen hätte, bis auf diese Begegnung, ist sie die Ausgeburt meiner Phantasie ... aber eines weiß ich, ich habe sie sehr gemocht, verbotenerweise, jeder emotionale Feindkontakt war doch verboten, auch moralisch verboten, ich hatte doch, obwohl ich dieser Grünschnabel war, schon Verantwortung für meine Familie ... und doch waren es meine Gefühle, und sie hat ähnlich empfunden, das weiß ich, auch wenn ich Teil dieser mörderischen Vernichtungsmaschinerie war.

Und da gab es ja auch noch unser normales Leben, unser Leben als Zivilisten, bevor der Krieg uns alles genommen hat. Ich hatte von meiner Familie lange nichts gehört, war sie ausgebombt? Sie hatte keinen Kontakt zu ihren Leuten, zu ihrem Mann. Ach, damals ging es drunter und drüber! Aber wie mag es ihr ergangen sein, hat sie den Krieg überlebt und wo ist sie heute?"

Sauer schaltet an dieser Stelle das Tonband aus, der Bericht von Herrn Haller ist für heute beendet, beide schauen sich lange schweigend an. Herr Haller legt die Hände vor sein Gesicht und weint lange, 52 Jahre später.

Die beiden, Mitglieder zweier Generationen, spüren eine Verbundenheit des Leidens unter dem Krieg, der ihr und das Leben aller anderen Menschen geprägt und für immer beschädigt hat. Es folgen nach dem Interview noch ein paar Gespräche, die eine deutliche emotionale Stabilisierung bei Herrn Haller bewirken, seine Träume werden weniger beängstigend, seine Schuld- und Schamgefühle aber bleiben stark.

Im letzten Gespräch berichtet Herr Haller von seinen vielen vergeblichen Versuchen, Bogdanas Nachnamen und Adresse in Polen ausfindig zu machen.

Acht

Es ist Oktober, bald wird die Regenzeit beginnen. Neyla spürt es genau, denn in der Luft liegt so eine Erwartung der Natur, und sie kann sich mit dieser Einschätzung gut der Wahrnehmung des Nachbarn Mister Nelson anschließen, der sich über die Wetterfühligkeit seines verletzten steifen Beines beklagt. „Auch diese Verwundung ist“, denkt Neyla, „wie so viele körperliche und seelische Verwundungen der Menschen hier in Nigeria, eine Folge der Gewalt, des Hasses und der Armut, ausgetragen in ethnischen Konflikten zwischen mehrheitlich muslimischem Norden und christlichem Süden.

Es wird allerhöchste Zeit, dass ich eine Entscheidung treffe“, denkt sie. In ihrem Kopf hat sie viele Szenarien durchgespielt. „Kann ich mich auf Asyl berufen, wenn ich doch weiß, dass die Chancen für meine Landsleute sehr schlecht stehen? Soll ich mich auf einen illegalen Einwanderungsweg begeben, der lebensgefährlich ist, und kann ich es verantworten, wenn mir etwas passiert?“

Lagos ist voller Gerüchte über schreckliche Erlebnisse von Leuten auf Fluchtwegen, chaotische Zustände in Auffanglagern und Gefahren der Überquerung des Mittelmeeres.

„Gleichzeitig werde ich noch krank vor lauter Untätigkeit. Die Ohnmacht ist nicht auszuhalten. Ich muss etwas tun." Neyla rauft sich die Haare. Was sie dringend braucht, sind einigermaßen verlässliche Informationen. Sie verlässt das Büro und macht sich auf den Weg zum deutschen Konsulat. „Es muss doch möglich sein, hier Hilfe zu bekommen, zum Beispiel von einem Mitarbeiter des Konsulats zu erfahren, was genau ich benötige, welche Antragsunterlagen für eine Ausreise gebraucht werden." Als sie beim Konsulat ankommt, muss sie sich wieder in die lange Warteschlange einordnen. Jedesmal derselbe Stau.

Solange das Wetter sich noch hält, kann sie gut im Freien vor dem deutschen Konsulat warten. Aber sobald der Himmel ohne Pause weinen wird, wird sie sich einen geschützten Platz suchen müssen, und so betet sie täglich zum Wettergott um Milde.

Die lange Menschenschlange, Frauen mit Kindern, vor allem aber junge Männer, vor dem Eingang zur Behörde scheint einfach nicht kürzer zu werden. Obwohl die Hiobsmeldungen über die schlechter werdenden Zustände am Zielort und über die Fluchtbedingungen nicht abreißen und so niemand zur Flucht ermutigt wird.

Seit Wochen wird kolportiert, Flüchtlinge würden mehr und mehr in Europa ausgegrenzt, auch sollten keine Familienmitglieder mehr nachkommen dürfen. „All diese Meldungen sind sicher auch Versuche, den Flüchtlingszustrom zu kanalisieren, den Hilfesuchenden den Mut zu nehmen", denkt sie.

„Bleibe im Lande und nähre dich redlich!" Ist das nicht so eine Redensweise, die sie aus dem Deutschunterricht kennt? Hier aber kommt sie ihr vor wie blanker Zynismus, völlig realitätsfern, wenn man sich die politischen Bedingungen in Nigeria betrachtet. Schon allein die falsche Religion zu haben, kann jemanden Kopf und Kragen kosten, besonders wenn man nicht mit dem Regime übereinstimmt.

Wieder rückt die Schlange der Wartenden ein wenig vor. Neyla spürt ihre Ungeduld und schaut auf die Uhr. „Werde ich überhaupt heute noch drankommen und werde ich dann dort in der Fremde willkommen sein?“ Ihre Zweifel sind in der letzten Zeit gewachsen. Wie viele ihrer Landsleute will auch sie fort, aber nicht, um für immer zu verschwinden, nein, sie möchte, sie muss wiederkommen, schon wegen Jacob.

„Ich muss Geduld haben. Auch so eine deutsche Tugend, aber woher nehmen und nicht stehlen? Ich warte jetzt schon auf ein Einreisevisum nach Deutschland, das Warten scheint kein Ende zu nehmen, und die Zeit läuft davon. Es ist vor allem die Lebenszeit von Jacob.

Immer wieder höre ich das Wort Einzelfallprüfung. Was bin ich für ein Einzelfall? Wird man meinen Berichten Glauben schenken, den Bedrohungen, die ich fühle? Wird man mir meine Angst um das Leben meines Bruders abnehmen? Wie kann ich mich glaubwürdig machen? Welche Belege brauchen die Beamten hier, die über meinen Einzelfall entscheiden? Bin ich ein Härtefall? Bin ich ein Fall wie jeder andere, eine Null, ein Nichts, ein Mensch ohne Zukunft und Hoffnung? Passiert das mit uns Nigerianern, also auch mit mir? Dass man uns abholzt, wie den Regenwald, der früher hier an der Küste in verschwenderischem Ausmaß zu finden gewesen ist, diese riesigen Mangrovenwälder, von denen ich nur noch aus Erzählungen weiß? Auch diese Natur wurde sinnlos zerstört durch die Profitgier der Ölkonzerne und die Korrumpierbarkeit der Politiker.“ Sie stöhnt auf. „Ich muss aufpassen, dass ich nicht verbittert werde und stumpf, wie viele meiner Landsleute hier, die sich nicht wehren. Und auch Jacob tut es nicht gut, wenn ich das Lachen verlerne.“

Als sie gerade wieder ein Stückchen in der alltäglichen Warteschlange vorrücken kann, hört sie ganz dicht neben sich, dass jemand dort ein schweres Motorrad abstellt, und als sie sich zum Fahrer umdreht, blickt sie in ein vertrautes Gesicht. „Oh, du bist es, so ein Glück, dich hier zu treffen. Ich hatte es schon gehofft, aber dass du wirklich hier bist ... da hatte ich ja den richtigen

Riecher, ich fasse es nicht! Wie lange habe ich dich nicht gesehen? Du altes Schlitzohr, du, Mensch, Muhammadu, mein alter Freund", sagt sie, und in der Tat, neben ihr grinst Muhammadu über beide Backen, mittig geschmückt von einer veritablen Zahnlücke.

„Braucht du Geld?" Neylas Frage ist eher rhetorischer Art.

Muhammadu nickt und zeigt auf seine Zahnlücke.

Der junge Mann, der vor ihr steht, ist ein alter Schulkamerad von der Deutschen Schule in Lagos. Während ihrer gemeinsamen Schulzeit und auch danach hatten sie sich nie aus den Augen verloren.

Muhammadu liebte es, neben ihr in der Klasse zu sitzen, wohl auch, um bei ihr abzuschreiben, und so konnte er seine Abschlussprüfung schaffen, was ohne ihre Hilfe wohl nicht zu erwarten gewesen wäre.

Vor allem seine Rechenkünste hat er mit ihrer Unterstützung verbessert, bei ihr gelernt, und Neyla denkt: „Vielleicht könnte meine Hilfe damals mir heute helfen."

So hat sie etwas gut bei ihm, was sie ermutigt, ihn anzusprechen, und außerdem war er immer auch ein wenig wie ein großer Bruder. „Muhammadu, du könntest mir helfen! Ich bin arg in der Klemme."

„Immer zu Diensten, gnädige Frau!" Typisch Muhammadu, immer galant, und dennoch scheint er ihr irgendwie verändert, und sie ist plötzlich ganz erpicht zu hören, was wohl aus ihm geworden sein könnte. Sie nimmt allen Mut zusammen, schaut ihn direkt an und sagt:„Ich brauche sehr schnell einen Lift, einen Transport nach Norden, und du hast doch vielleicht eine Idee. Du siehst ja selbst", und dabei deutet sie auf die Schlange der Wartenden, „ich komme hier nicht so schnell weg. Ist dieser Weg ein Holzweg?"

Muhammadu bedeutet ihr, dass sie ihm folgen solle. Die gut einsehbare Straße erscheint ihm offensichtlich nicht der sichere Ort zur Verhandlung einer solch delikaten Sache. In einer Nebenstraße angelangt, betreten sie eine kleine Bar. Sie sind zu dieser frühen Nachmittagsstunde die einzigen Gäste. Muhammadu schaut sich um und sagt dann: „Schieß los! Hier können wir sprechen."

Neyla deutet fragend mit ihrem Kinn zum Barkeeper hinüber, aber Muhammadu winkt beruhigend ab. „Das ist ein Bruder, der hält die Klappe!"

„Also, mein Freund, ich weiß nicht mehr weiter. Es geht um Jacob, der braucht sehr dringend eine Behandlung, wenn es nicht jetzt schon zu spät ist. Er ist akut nierenkrank und braucht eine Spenderniere, und dazu brauche ich Geld, viel Geld! Das kann ich hier aber nicht verdienen.

Ich habe mir überlegt, vielleicht habe ich eine Chance in Deutschland. Bitte, Muhammadu, du kennst dich doch aus. Das mit der legalen Ausreise dauert mir viel, viel zu lange und scheint mir auch ungewiss. Aber der Experte für einen anderen Weg könntest du ja sein, so was bist ja du. Ich habe ja bis heute noch nicht einmal im Konsulat vorsprechen können."

„Lady, wer braucht kein Geld!" Muhammadu deutet auf seine Gesäßtasche, wo sein Geldbeutel sitzt. „Bin sehr klamm!"

„Aber du verdienst doch an dem Elend hier wie kein anderer!" Neyla versucht nicht zu vorwurfsvoll zu klingen, kann aber den Unterton einer Anschuldigung nicht ganz unterdrücken.

„Alles Geschichte, früher war das hier ein Traumjob, aber die Schleuserarbeit ist gefährlich geworden, leider, mordsgefährlich, die Konkurrenz ist groß, die Situation hat sich verschärft, ich bräuchte Gefahrenzulage! Über 3000 Kilometer siehst du neben der Piste nur Totes, dort liegen Gerippe, Kadaver, Tiere und Menschen, nicht mehr wirklich unterscheidbar, auch ausgebrannte Lastwagen, Pickups, Busse, sogar Fahrräder und immer wieder Schuhe, Stiefel, aus aller Herren Länder, Requisiten einer Liveshow über das Thema Flucht!"

Neyla zeigt auf das Motorrad, eine AFRICA TWIN, ein wahres Geschoss. So etwas kann sich nur jemand leisten, der sich die Hoffnung von Ertrinkenden gut bezahlen lässt. Sie weiß, schon lange ist die Sahara-Route das Zauberwort für eine Eingangstür.

Ein Versprechen auf eine bessere Zukunft, das Tor zur westlich orientierten Welt, zur staatlich garantierten Sicherheit und Ordnung, zu einem Weniger an Korruption, zu weniger Mord und Totschlag, aber auch zu einem sicheren Gelderwerb.

Sahara-Route, damit wird eine lange Sandpiste der Entbehrung bezeichnet, ein anstrengender Weg durch die Wüste, zumeist mit klapprigen Fahrzeugen, voll gepfercht mit Menschenleibern, Kindern, Eltern, Generationen, sehr gefährlich, denn Banditen, manchmal Touareg mit Krummsäbeln und langen Flinten, mit wilden Bärten und schwarzen Gewändern, die eigentlichen Herrscher der Wüste, fackeln nicht lange.

Geiselnahme für harte Dollars, Kamelstärke gegen BMW, gezähmte Natur gegen Pferdestärken, und die Endstation der Marterstrecke ist eine kleine Grenzstadt in der Nähe von Tripolis, ein stiller Hafen mit sehnsüchtigen Gesichtern, der sich allerdings dann belebt, wenn die blinden Passagiere sich vertrauensvoll in die Schiffsbäuche drängen.

„Nein, Neyla, diesen Weg kannst du vergessen, das ist ein Albtraum, glaub mir, ich verstehe dich. Aber was, wenn du es wirklich schaffst, hier rauszukommen, mit einem dieser verdammten Laster, wie ich sie gefahren habe, voll mit menschlicher Ware … und dann bist du erst in Libyen, aber dann musst du weiter, wieder neues Geld auftreiben. Du bist hübsch, du kannst dich verkaufen. Aber dann, nee, Neyla, das machst du nicht, dagegen ist das hier das reinste Paradies!"

Muhammadu macht eine Pause. Er gibt Neyla Zeit und beobachtet ihr Gesicht, das sich langsam mit Trauer füllt. „Wenn ich eines geworden bin, dann bin ich sicher ein Experte für verlorene Hoffnung", denkt er und wendet sich dann wieder Neyla zu. „Nein, auch mit so einer Maschine durch die Wüste zu donnern, das ist was für Wüstenscheiche, dein Hintern ist blau und grün, bevor wir Nigeria verlassen haben. Und wenn wir alleine fahren, ohne Begleitschutz, dann müssen wir uns immer wieder über sichere Wege vergewissern, und sicher ist hier sehr relativ. Was du brauchst, ist ganz schlicht: Du brauchst eine Einladung für einen gewissen Zeitraum. Du brauchst Personen, am besten in Deutschland, die dich nach dort einladen, die rechtliche und materielle Verantwortung für deinen Aufenthalt bereit sind zu übernehmen.

Vielleicht ist das auch eine Möglichkeit, ein Bleiberecht zu erwerben, aber das ist natürlich keinesfalls sicher! Schlimmstenfalls bist du nach kurzer Zeit wieder hier. Oder du findest jemanden, der dir dort sonst wie weiterhilft, dich zum Beispiel heiratet ..."

Neyla versteht, sie kaut das Gehörte durch und durch und stimmt dann ihrem Ratgeber zu. „Ja, du hast wohl Recht, es tut zwar weh, aber es ist gut, so klare Worte zu hören, aber ich finde einen Weg!"

Muhammadu ist allerdings noch nicht fertig. „Und Neyla, nur damit du es weißt, ich habe seit einiger Zeit die Seiten gewechselt. Das ist nicht ungefährlich, aber für mich eine gute Entscheidung!"

Neyla schaut ihn ungläubig an.

„Wie, vom Saulus zum Paulus?"

„So in etwa, ich schreibe für die *Lagos-Post,* Artikel über das, was hier bei uns abgeht, ich recherchiere!"

„Bei dieser renommierten Zeitung?"

„Jawohl!"

Neyla ist baff und irgendwie auch froh.

„Pass auf, ich gebe dir eine Kopie von einem Artikel mit, der in ein paar Tagen erscheinen wird. Dabei geht es um einen Bericht einer Frau von hier. Den Bericht hat sie selbst verfasst, er wurde in einem Rucksack angeschwemmt gefunden, bei Lampedusa! Sobald du verstanden hast, worum es da geht, wird dir klar, warum ich nicht mehr in diesem dreckigen Geschäft weiter drin bin ...

Und ehe ich es vergesse, hier hast du meine Nummer auf der Arbeit. Ruf mich morgen früh an! Und in deiner Sache versuche ich dir eindeutige klare Informationen zu besorgen.

Ich würde gerne wissen, wie du dich entscheidest. Komm, steig hinten auf. Ich bring dich nach Hause."

Als sie zu Hause angekommen sind und Muhammudu auf seinem Motorrad flott um die nächste Straßenecke gebogen ist, scheint es Neyla, als ob sie zwar eine Möglichkeit verloren, aber auch an Entschlossenheit gewonnen hat. Sie fühlt in der Tasche das Papier, dass sie von Muhammdu bekommen hat, es brennt wie eine heiße Sache!

Schnell begrüßt sie Jacob und ihre Mutter, fragt wie es ihnen geht, und sobald wie möglich verschwindet sie in ihrem Zimmer, um den Bericht zu lesen. Ihr Herz schlägt vor Aufregung bis zum Hals, als ob es ein geheimes Dokument wäre, das sie in Händen hält.

Seit Tagen sind wir nun schon unterwegs, es ist eine endlose Wasserwüste, auf der wir schaukeln. Kommen wir überhaupt weiter? Ich habe einen Platz im Innenraum des Trawlers ergattert, unten in der Nähe des Motors. Der Platz wurde frei, weil ein alter Mann dort gestern verstorben ist. Der Platz ist warm, nur in der Nacht manchmal zu warm. Ich liege natürlich nicht alleine hier, wir liegen oder wir sitzen, die Flüchtlinge liegen Körper an Körper. Es ist heiß. Wenn jemand muss, setzt er sich auf einen Holzkübel. Mir ist schlecht, obwohl ich nicht seekrank bin.

Diese enorme Ohmacht, sie fasst an meine Kehle.

Wenn der Mensch etwas wirklich will, denke ich, dann kann er auch das Unmögliche erreichen.

Hier unten gibt es sehr wenig Licht, ich stehe auf und kann die Hand fast nicht vor Augen sehen. Ich bin ganz und gar auf meine Intuition angewiesen. Ich versuche mir, über die vielen Leiber hinweg, die zum großen Teil schlafend um mich herum liegen, einen Weg zur Treppe nach oben zu bahnen. Ich muss rechts herumtasten, die Wand entlang, dorthin, von wo ein leichter Luftstrom meinen schweißnassen Körper erreicht.

„Entschuldigung", ich presse die Zähne vor Konzentration so zusammen, dass meine Worte nur noch einem Knurren ähneln. Die Antwort aus dem Mund dessen, den ich gerade getreten habe, als ich eine Stufe erklimme, kann ich nicht verstehen. Endlich kann ich etwas sehen. Die eiserne Treppe nach oben ist kühler, ich lehne meine Stirn gegen den Handlauf und ziehe mich dann nach oben. Auch hier sitzen Flüchtlinge, Körper an Körper, es dauert lange, bis

ich oben bin. Noch eine hohe Stufe und ich komme an Deck. Auch hier liegen viele Schlafende, teils auf Matten, teils auf dem Boden. Draußen ist die Luft leichter, und sie riecht nicht so erstickend scharf nach Menschenangst.
Als ich nach oben sehe, kann ich die Einsamkeit der Kreatur kaum ertragen. Die Sterne scheinen so weit entfernt, wie ein einfaches Bett mit einem sauberen Laken.
„Wozu leben wir? Um zu leiden?" Ich weine. Ein Bilderregen vom Sterben überfällt mich und ich muss mich einige Momente dieser Menschenwahrheit hingeben.
„Weißt du noch, diese Joy", werden die sagen, die mich gekannt haben. „Sie ging diesen Weg. Und plötzlich war sie weg, dort war doch ihr Zuhause, was tut sie auch bei den Fremden und was lässt sie zurück? Ein paar kühne Gedanken, einen leeren Stuhl, eine Kette, wenig getragen, ein paar begonnene Gespräche."
Ich fühle mich plötzlich hilflos und torkele zur Reling, und dann sehe ich es, das Wasser, es scheint zu leuchten. In mir entbrennt ein Streit: Soll ich bleiben oder gehen?
Solange wir leben, leben wir ewig, sind wir über den Berg gegangen, sieht man niemanden mehr, keine Spuren tragen Hoffnung, kein Flehen hilft, auch die Schmerzen sind nur eitle Schatten des Diesseits, ohne Sinn, ohne Kraft. Nur die, die leben, wissen, dass sie sterben müssen, die, die tot sind, wissen nichts.
Ich erwache aus dem Bildersturm, trotz der Hitze ist mir plötzlich kalt. Ich suche mir einen Platz, mit etwas Wind und einem Seufzer voll Leben, und versuche dort einzuschlafen.
Ich bin Joy Immam, ich bin aus Lagos, Nigeria und seit dem 1. Juni an Bord der „Blue Sky", in der Hoffnung, dass das, was ich hier schreibe, mich überleben wird. Ich stecke das Papier in eine Flasche und die in meinen Rucksack. Möge meine Familie von mir lesen, wir treiben nun schon den achten Tag mit einem erschöpften Motor im Wasser und es wird Sturm geben!

Neyla legt das Papier weg und versucht zu schlafen, was ihr erst nach längerer Zeit gelingt. Die ganze Nacht lang jedoch wird sie von Träumen gepeinigt, sie alle spielen auf dem Meer und in ihnen treiben tote Leiber auf bewegten Wellen.

Neun

Auch in dieser Nacht träumt sie wieder diesen Albtraum: Vater sitzt wie immer am Steuer des Autos, auf einer Landstraße nah der Stadt Sokoto im Nordwesten des Landes. Es ist ein heißer Tag. Sie schwitzen. Neyla sitzt neben ihrem Vater, jetzt macht die staubige Straße einen leichten Bogen nach links, dann plötzlich ein Knall, dann ein zweiter, beide scharf, hart und gemein laut, der Wagen schlingert, er kommt aus der Spur, kommt vom Weg ab, fährt eine Böschung steil nach unten, überschlägt sich. Neyla will schreien, aber es kommt kein Ton aus ihrem Mund, und dann kommt die Dunkelheit, wie eine milde Gabe. Das Letzte, was sie hört, sind zunächst ganz schwache Alarmsignale aus der Ferne, die schnell näher kommen ... dann wird sie ohnmächtig.

„Neyla, Neyla, bitte, mein Mädchen ... wach auf!"

Neyla schlägt die Augen auf, ihre Mutter sitzt auf der Bettkante und hält ihre Hand. Neyla setzt sich rasch auf und umarmt ihre Mutter, bis sie aufhören kann zu zittern.

„Schon wieder, du hast wieder so geschrien!" Mutter versucht sie zu beruhigen, aber Neyla spürt ihren eigenen Puls und auch den der Mutter bis zum Hals schlagen.

„Zwei Schüsse", sagt sie, „schon wieder!" Und sie legt sich zurück in die Kissen ... fast jede Nacht überfällt sie dieser Traum, schon abends hat sie Angst vor der Nacht, vor diesem Traum. Wenn er gekommen ist, liegt sie nachher lange wach, bis sie sich beruhigen kann, und schrickt auch immer wieder hoch, wie elektrisiert, bis sie irgendwann, meist eher morgens, in einen unruhigen Schlaf fällt. Bis zum nächsten Abend, wenn der Traum dann wiederkommt, verlässlich, wie das Amen in der Kirche, und sie nicht in Ruhe lässt seit dem Attentat.

Vater ist tot, jetzt schon seit über zwei Jahren. Aber das Ereignis, die Umstände seines Todes, haben sich in ihre Seele eingegraben wie sich die Pranken eines Löwen, wenn er ein Zebra reißt, ins warme Fleisch bohren.

Tagsüber aber kann sie sich vor Panikattacken schützen, indem sie sich gedanklich ablenkt. Sie kann dann auch gut lernen und konzentriert arbeiten. Aber abends, wenn es draußen leiser wird, wenn am Rand der Großstadt deren Atem allmählich flacher wird, wenn die Dunkelheit hereinbricht, unerbittlich, dann beginnt es in ihr zu rumoren.

Dann kommen die Bilder, die Geister, die Dämonen, die tags immer wieder neu gefüttert werden, wenn sie zum Beispiel unvorbereitet einen Knall hört, durch eine heftige Lufterschütterung eines Flugzeugs, aber auch wenn Mopeds knattern oder laute Wagen auf der Straße vorbeidonnern.

Vieles erinnert sie an das Attentat oder erinnert sich ihr Körper? „Warum habe ich überlebt? War es Absicht? Hat mich der Killer nur übersehen, will er eine neue Gelegenheit nutzen und mich solange im Unklaren lassen? Auch in ständiger Angst zu leben, ist Folter!"

Zwei Kugeln, von einem Mitfahrer auf einem Motorrad abgefeuert, hatten Vaters Kopf getroffen, dort, wo seine Klugheit, sein Mut wohnte, haben ihn einfach ausgelöscht, wie eine Kerze ausgepustet wird.

Neyla weiß nicht, wie sie die Gewalt der Erinnerungen bannen könnte.

„Soll ich mein Leben lang in Angst sein? Mein Leben lang, Mutter, nein, das schaffe ich nicht. Ich glaube, nein, ich weiß, ich muss fort, ich muss mir einen Ort im Leben suchen, wo ich mich sicher fühlen darf, in einem Land leben, wo ich die Angst vergessen kann. Hier lassen mich diese Leute nicht in Ruhe leben, die hassen mich, weil ich seine Zukunft verkörpern könnte, weil ich denke wie Vater, weil ich gebildet bin wie er, zur Schule gegangen bin, dort Deutsch gelernt habe. Wozu, Mutter, habe ich diese Sprache gelernt?

Ich kann nicht länger warten. Hier werde ich politisch verfolgt, hier ist Jacobs Leben bedroht ... Ich habe dir noch nicht von Herrn Weidner erzählt, er war hier bei uns in Lagos und unterrichtet jetzt wieder in Deutschland. Ich sollte versuchen mich an ihn zu wenden.

Mutter, hör mich an, bitte. Ich weiß, eine nigerianische Frau hat nicht viele Rechte, aber ich habe gelernt, ich weiß, was Frauen heute alles in der Welt bewegen, wir sind mehr als nur Anhängsel der Männer!"

Neylas Mutter wendet sich ab. Sie hat Angst ihre Tochter zu verlieren, aber ist sie nicht schon verloren, so gequält?

Vater, erschossen auf einer Reise mit seiner Tochter in den Norden. Dort, wo das Land unsicher geworden ist, seitdem radikale Islamisten Jagd auf „Landesverräter" machen, und Verräter sind die, die mit den „Imperialisten", den US-Amerikanern, unter einer Decke stecken oder einfach nur die falsche Religion haben, und der Bruder, Jacob, poliokrank, im Rollstuhl, ohne Perspektive.

„Du weißt, warum Vater ums Leben kam. Vater war Journalist und hatte sich vor allem im Gesundheitsbereich kritisch mit der Rolle der Scharia auseinandergesetzt."

„‚Hatte Ihr Vater Feinde?' Ich erinnere mich genau an die Fragen des Polizisten, der mit mir gesprochen hat, als ich im Krankenhaus aufgewacht bin, Tage nach der Beerdigung, aus tiefer Umnachtung zurück ins kalte Leben.

Hatte Papa Feinde? Ja, warum sonst haben sie ihn ermordet? Und ich, habe ich auch Feinde? Habe ich seine Feinde? Ja, Mama, wir haben Feinde, ich, vielleicht sogar du, du warst seine Ehefrau, und Jacob ist dein Sohn. Ich spüre sie manchmal in der Nähe, sie drohen mir. Manchmal ist es ein Angespucktwerden, dann wieder so ein Telefonat, wo jemand schwer atmet und, klick, ist die Verbindung weg. In der Schule noch, auf dem Nachhauseweg, fuhren Mopeds ganz nah, sie erschreckten mich extra! Mutter, Jacob ist krank, weil die islamischen Radikalen das Gerücht verbreitet hatten, Polio-Impfungen würden der Fruchtbarkeit der Männer schaden. Aberglaube, so dumm, und die Leidtragenden sind bis heute wir und die betroffenen Kinder, und auch du als Elternteil. Mutter, hör doch, ich muss es wissen, von dir, ich muss es dürfen, du musst mir die Erlaubnis geben, fortzugehen, ich muss es versuchen ... bitte!“

Neyla kann ihre Tränen nicht zurückhalten und sieht, dass auch ihre Mutter weint. So lange nicht mehr hat sie in dieses vertraute Gesicht geschaut und gesehen, wie dieses weich wird. Neyla bekommt plötzlich Luft, sie atmet durch, als ob ein Lebewesen, das atmen muss, um zu leben, an die Wasseroberfläche gelangt. Das Leben im Dunkeln, in der Isolation, könnte ein Ende haben, ein Morgenlicht zeigt sich am Horizont.

„Ich bitte diesen Lehrer mich einzuladen, das hat mir Muhammadu vorgeschlagen, einfach als Touristin, gleich jetzt, ich bitte ihn, mich einzuladen, zu einem Besuch, vielleicht versteht er mich. Er schien an meinem Fortkommen interessiert zu sein. Ich zeige es dir auf der Karte, hier, Mama, hier ist Deutschland, dort wohnt er, er hat Familie, er wird mir helfen, er muss mich nur einladen, dann werde ich Asyl beantragen, ich habe ein Recht darauf ... Mama, das ist meine Chance, und auch für Jacob, Mama ...

Ich schicke ihm eine Mail, ich frage, welche Unterlagen ich noch brauche, der kennt sich aus, der kennt die Welt und den Weg, und ich muss es versuchen ... sonst sterbe ich, ich bin kein Kaktus, der in der Wüste leben muss, ich liebe das Leben. Ich liebe dich, och, Mama, ich besuche dich, das geht heute rattsfatts, ein Klick und schon hat Herr Weidner, Dr. Weidner in Deutschland, meine Frage auf seinem Rechner.“

„Glaubst du, er hat ein großes Herz?“

„Ja, wie du, er ist wie du, er mag die Menschen, er wird mir eine Hand reichen, dann muss ich alleine gehen, er wird mir helfen aufzustehen!

Komm, Mama, wir gehen wieder schlafen, es ist ja erst drei Uhr! Jetzt kann ich bestimmt besser einschlafen, du bist ja da, und der Morgen ist nicht mehr so fern! Außerdem, ich bin etwas beruhigt, du hast genickt, du hast mich verstanden, das macht mir Mut!“

Neyla legt sich ins Bett, und ihre Mutter deckt sie zu und so, als wäre Neyla noch ein kleines Mädchen, drückt sie die Bettdecke oben am Rücken sanft und fest an den Körper ihrer Tochter.

Zehn

Jonathan Kibale steht nur ungern vom Sofa auf, wo er sich seinen allmittäglichen ausgiebigen Schlummer gegönnt hat, denn wie immer, wenn er eine längere Zeit sitzend oder liegend auf einer Stelle verharrt hat, fallen ihm die ersten Gehschritte schwer. Ist es das Rheuma, die alte Schussverletzung oder beides? Oder vielleicht einfach nur das Alter? Die auftretenden Schmerzen zwingen ihn an manchen schlechten Tagen, sich auf die wesentlichen körperlichen Aktivitäten zu beschränken, und lassen ihn lernen, was das Wesentliche ist. Dieser Umstand trägt bei ihm zu einer gewissen Würde in Bescheidenheit bei, die sich in einer angemessenen Verlangsamung seiner häuslichen Erledigungen zeigt. Als er das so denkt, schilt er sich einen alten Trottel, der sich nicht so ernst nehmen sollte. Der Schmerz bei dem ersten Schritt, bis seine Gelenke wieder geschmiert sind, zeigt ihm jedoch deutlich, dass er seine relative Hinfälligkeit berücksichtigen muss.

Zu den positiven Folgen der Schussverletzung und seiner Gelenkerkrankung zählt Jonathan einen deutlichen Zugewinn seines schwarzen Humors, mit dem er auf sich und seine Welt blickt, nach dem Motto: Die beste Krankheit taugt nichts!

Er stakst in seine Küche an den Herd, wo ein Feuer munter brennt, um sich seinen geliebten Kaffee aufzubrühen.

Er lebt in seinem kleinen Haus alleine, seine Kinder sind im Ausland, in England, und seine Frau Ruth ist vor drei Jahren an den Folgen einer Malariaerkrankung gestorben. „Was hält das Leben noch für mich bereit?“, fragt er sich manchmal müde und erwartet darauf keine definitive Antwort. Er hat gelernt von einem Tag auf den nächsten zu planen und ihn als Geschenk zu betrachten.

Seit über zwanzig Jahren ist er als Hausmeister an der Nelson-Mandela-Schule in Lagos beschäftigt, und wie der Teufel es will, er ähnelt in seinem Aussehen dem Namensgeber der High School so sehr, dass er von allen Schülern und Lehrern Nelson genannt wird. „Mister Nelson!“, rufen ihn die Kinder, und manchmal machen sie nach, wie er mit seinem steifen Bein geht, und der gutmütige „Mister Nelson“ alias Jonathan Kibale lacht mit. Wenn er gute Laune hat, also meistens, macht er seinerseits die Kinder nach, besonders die mit der großen Klappe. Dann lachen alle, bis auf die, die sich schämen.

Heute ist sein freier Tag, in der Schule wird er von einem neuen Praktikanten vertreten. Er sorgt sich um die Schule und fragt sich, ob Ismail seine Sache gut macht, ist er doch „nur“ ein Moslem und dazu noch ein Nigerianer aus dem Norden, ein Hausa, und ob so einer auch vertrauenswürdig ist …?

Jonathan dagegen stammt aus dem Süden. Er ist von Geburt ein Siv und gehört damit dem christlichen Glauben an, gelobt sei Jesus Christus, in Ewigkeit, Amen.

„Ich bin doch ein Dummkopf, so über Ismail zu urteilen, in solch schwierigen Fragen sollte ich mich wie mein großes Vorbild verhalten. Nelson Mandela hätte mich einen Vollidioten genannt oder sogar einen miesen Rassisten und damit hätte er wohl recht gehabt.“ Jonathan öffnet die Haustür und geht auf die kleine Veranda, er blickt sich um und dann nach oben. Er reibt sein schmerzendes Bein.

Sein Blick nach oben sagt ihm, alles noch in Ordnung, der Regen wird bald kommen, die Luft ist in Erwartung, die Erde, die Pflanzen, die Tiere und die Menschen auch.

„He, ihr lieben Nachbarn, ihr müsst wirklich besser auf eure Hühner aufpassen, schaut doch, zwei sind auf der anderen Straßenseite und picken dort nach Körnern.“ Jonathan schluckt den Gedanken runter, denn er weiß genau, er ist viel zu weit weg von den Nachbarn, als dass sie ihn hören könnten.

„Passt auf, die Krokodile kommen!“, würde er am liebsten rufen, ist sich aber nicht sicher, ob es überhaupt noch viele Krokodile in Nigeria gibt, außerhalb der Sümpfe bestimmt nicht. Und Öl fressen die auch nicht. Wovon leben die wohl, von Hühnchenkeulen?

Noch als Kind, das scheint ihm eine Ewigkeit her zu sein, lauerten diese tückischen und gefräßigen Drachen in Dorfnähe, aber nur da, wo das Flusswasser ruhig stand. Sie waren kaum zu sehen, wenn sie sich näherten, um dann aber mit aller Gewalt zuzuschlagen. Um diese Tiere ranken sich viele Geschichten und Legenden, waren sie doch die früher souveränen Herrscher der Seen und Sümpfe in Afrikas Niederungen, bevor das Öl gefördert wurde.

Einmal wurde ein Nachbarsmädchen von einem Tier fast in den Fluss gezogen, hatte sich aber retten können, weil es in seiner Angst dem Ungeheuer reflexartig ein Auge ausgequetscht hatte.

Ob man den Erzählungen seiner klugen Tante Mia Glauben schenken konnte, wusste man nie, manchmal waren die Geschichten von ihr mehr erfunden als real. Sie liebte offensichtlich die Dramatik.

Jonathan denkt an seine jetzigen Nachbarn, die vor einiger Zeit nebenan eingezogen sind. Irgendwie stehen die unter seinem persönlichen Schutz, stammen sie doch auch aus einem Ort im Süden an der Küste, wo seine Familie ansässig ist. In Afrika zählen viele zur Familie, auch wenn man nur sehr entfernt blutsverwandt ist.

Er mag die Nachbarsfamilie und besonders den kleinen Jacob, der auch mit seinen ganz persönlichen Krokodilen zu kämpfen hat. Die wollen ihn zwar nicht fressen, aber die wollen ihren Mut an ihm kühlen.

Einmal hat er sehen müssen, wie ein Krokodil ein Gnu angegriffen und getötet hat. Das Tier hat geschrien, so wie ein Mensch in Todesangst. Macht die Todesangst alle Lebewesen gleich?

Jonathan fühlt sich plötzlich ganz allein und irgendwie dadurch so schutzlos.

Um sich zu beruhigen, setzt er sich mit seiner Buschtrommel zwischen den Knien an den Tisch und lässt seine Hände spielen. Die Trommel findet ihren Rythmus.

Tamtam … tamtam … tamtam … das tut ihm gut, viele Bilder tauchen auf, Bilder von früher stellen sich neben die Bilder von heute. Er sieht die Menschen aus seinem Heimatdorf gemeinsam tanzen und feiern, vor diese idyllischen Bilder von einem alten, heilen Afrika stellen sich Bilder von der Zerstörung, vom Regenwald, der kahl geschlagen wird, und ihn gruselt es.

Gleich wird die Schule aus sein. Dann kommt ein Nachbarskind von gegenüber, es wird Hausaufgaben mitbringen, die wird er dann Jacob geben, der darf den Anschluss im Unterricht nicht verlieren.

Jacobs Vater war ein guter Mann, auch ein Siv, ein kritischer Journalist, beim Fernsehsender „African Independent Television". So ein Intellektueller, einer, der schreibt, der gegen Korruption kämpft und sich für Minderheitenschutz einsetzt. Den hatte man mehrere Male eingesperrt. „Aber, was weiß ich schon von Politik?"

Und wieder meldet sich sein „innerer Nelson" zu Wort, und verlangt von ihm Kritikfähigkeit: „He, Mann, wenn du dir alles gefallen lässt, wie soll sich etwas ändern? Und was soll deine Politikverdrossenheit? Du musst es doch besser wissen. Warum wohl hat der arme Jacob seine Krankheit? Du weißt es doch besser, wer ihn in den Rollstuhl gebracht hat."

Elf

Jacob hört Jonathans Trommel von nebenan, sie dringt beruhigend über die Mauer zu ihm herüber, als ob sie ihm sagen will: „Du bist nicht allein auf dieser Welt, mein Junge, Kopf hoch, Jacob!" Er lächelt. Es ist früher Nachmittag, kurz vor 15 Uhr, bald wird die lange Unterrichtszeit der Nelson-Mandela-Schule für die Schulkinder in Lagos für heute zu Ende sein, und die Kinder der Nachbarschaft werden, wie jeden Tag nach Ende des Unterrichts, in aufgeregt schwatzenden Trauben die Straße entlangkommen, um, an Jacobs Haus vorbei, nach Hause zu laufen, wo die Mütter sie erwarten.

Die Kinder mussten den ganzen Unterrichtsmorgen still sitzen und sind jetzt voller Bewegungs- und Tatendrang. An manchen Tagen, wenn der Wind vom Meer kommt, kann Jacob die Schulklingel hören und sein Herz wird schwer: „Hoffentlich bin ich bald wieder ganz gesund!“, wünscht er, „dann werde ich wieder dabei sein, ich lerne doch so gerne!“

Jacob hat Angst vor der quirligen Menge der Kinder, denn wenn die Schüler mit so vielen anderen zusammen die Straße entlangkommen und ihn entdecken, dann passiert es oft, dass ihr Spott und ihre ungezügelte plumpe Angriffslust ihn ungebremst und gemein treffen.

Von was es abhängt, ob die Kinder ihn angreifen oder nicht, weiß er nicht. Aber er fühlt sich als Prügelknabe, der für etwas herhalten muss, was er nicht verbockt hat. „Ich werde Mister Nelson danach fragen!“, denkt er.

Es tut ihm innerlich weh, wenn er an die Überfälle denkt. Nicht nur schmerzen ihn die Treffer von den Wurfgeschossen, besonders weh tut es ihm seelisch. Auch wenn sein junger Körper nicht blutet, verletzt wird seine Seele schon.

Was ihn am meisten verzweifeln lässt, ist diese starke Ohnmacht, diese tiefe Schmach, so ausgelacht, ausgegrenzt und verspottet zu werden und sich nicht wehren zu können.

Jacob ist mit dieser Art von Bestrafung, denn als solche erlebt er diese Folter, schon lange schmerzlich vertraut, aber gewöhnen daran, will er sich nie.

Was ihn am allermeisten quält, ist die Frage: Warum? Warum zeigen sie ihre Ablehnung nur dann, wenn sie als große Gruppe versammelt sind? Denn dann benehmen sie sich wie die Geier, die sich auf ihre Beute stürzen. Alles ist anders, wenn er mit Sani, Muhammad, Hassan oder mit Aaron oder Karim alleine zusammen ist und sie im Hof spielen, dann fühlt er sich von dem jeweiligen Spielkamerad gemocht, ja mehr noch, die Nachbarkinder spielen sehr gerne mit ihm, es sind seine Freunde und er ist ihr Freund.

„Diese Welt ist so schwer zu verstehen“, denkt er, stochert mit seinen Gedanken im Ungewissen herum. Er ist ratlos, denn er findet keine befriedigende Antwort.

Er blickt auf seine Armbanduhr, ein Geschenk seiner großen Schwester Neyla, zu seinem zehnten Geburtstag. Sie geht ganz genau, eine Digitaluhr, und sie blitzt silbern im Schein der Sonne, die den ganzen Morgen von oben auf Lagos hinunter geschienen hat.

Es ist fast drei Uhr, p. m., die gefürchtete halbe Stunde wird gleich beginnen. „Bleib hier, nicht so nah ans Eingangstor“, sagt er sich und muss sich dazu zwingen, nicht weiter vorzurollen. So nimmt er sich jedoch die einzige Möglichkeit, eines der Nachbarskinder zu erwischen und anzusprechen, um sich vielleicht für einen späteren Zeitpunkt zu verabreden.

Er ist sich unschlüssig.

„Hüte dich, Jacob, hüte dich, nach der Schule zu nah ans Tor oder gar alleine auf die Straße zu fahren, sei klug und schütze dich, sonst wirst du gejagt.“ Er denkt an die Worte von Neyla, und er schüttelt bei dem Gedanken trotzig seinen Kopf.

„Warum, Neyla, warum ich?“

„Jacob“, Neyla streichelt ihm über den Kopf und zerzaust seine Haare, „das sind doch nur Kinder, dumme Kinder, die wissen nicht, was sie tun!“

Er schaut nach oben, die Sonne ist jetzt unter einer sich schnell auftürmenden Wolke verschwunden. Er blickt sich im Hof um.

Hier im Innenhof vor dem Haus ist er vor Blicken von außen geschützt, denn eine gut zwei Meter hohe Lehmmauer umgibt den Hof und das Haus, in dem er mit seiner Mutter und seiner großen Schwester wohnt. Einzig der Blick durch das Gittertor ermöglicht, einen kleinen Ausschnitt der breiten Straße einzusehen, die am Haus vorbeiführt, und dieser Ausschnitt wird größer, je näher Jacob der Tür kommt.

Der Hof ist mit einer festen Lehmschicht überzogen, sodass er ungehindert hin und her fahren kann. Auch ist er hier unabhängiger davon, wie das Wetter gerade ist.

Als Vater noch lebte, hatten Jacob und seine Familie in der Innenstadt von Lagos in einem Hochhaus gewohnt. Da hatte es Jacob besser gefallen, auch besser als zuvor auf dem Land. In der Innenstadt konnte er meist sogar ein Stückchen alleine fahren, obwohl, ganz ohne Angst auch nicht.

Gut ist hier, dass sich neben dem Haus, wo er jetzt wohnt, ein kleiner Gemüsegarten mit einem Hühnerstall direkt an der Hauswand befindet.

„Ach du Schreck!“ Jacob entdeckt jetzt erst, dass das Hühnergehege in der Mitte ein Schlupfloch hat, das, da ist er sich sicher, gestern noch nicht dort war. Zwei seiner Hühner fehlen. Der Drahtzaun scheint wieder einmal unten nicht fest genug gehalten zu haben, denn die zwei Hühner sind wohl unter ihm durchgeschlüpft und fortgelaufen.

„Ihr dummen Hühner!“, schimpft er.

Zwei der sechzehn Hühner! Und typisch sind es wieder diese beiden, wie so oft.

Jacob kennt seine Hühner natürlich alle beim Namen, sie sind sein ganzer Stolz und seine Arbeit, denn er ist alleine zuständig für ihr Wohlergehen, für die Futtervergabe, für den Auslauf und fürs Einsammeln der Eier.

Er sucht mit seinen Augen die flüchtigen Tiere im ganzen Hof, aber er kann sie nicht entdecken. „Na, wo habt ihr frechen Hühnchen euch mal wieder versteckt?“

Als er zum Hoftor sieht, muss er erschrocken feststellen, dass dieses ebenfalls offen ist, zwar nur einen Spalt weit, aber der genügt den dummen Tieren, um sich durchzuzwängen.

„Wenn man fort will, dann nutzt man jede Lücke, und sei sie noch so eng.“ Jacob ist ärgerlich auf den, der so nachlässig war, das Tor offen gelassen zu haben. Wer um Gottes Willen hatte das Tor aufgelassen?

Jacob flucht. Die beiden Viecher haben die Chance ergriffen, um vielleicht gemeinsam an dem süßen Geruch der Freiheit zu schnuppern. „Können Hühner überhaupt riechen mit ihren Schnäbeln?“ Er muss über seine Frage grinsen, bleibt aber besorgt.

„Was ist das für eine Freiheit? Was könnte daran frei sein, unter die Räder zu kommen? Unter die Räder eines der vielen, knatternd vorbeifahrenden Mopeds, die die Ausfallstraße entlangdonnern, ohne auf Verwandte zu achten und noch weniger auf dumme Hühner. Oder die Freiheit geklaut zu werden und in fremden Pfannen zu brutzeln?" Jacob fühlt Panik in sich aufsteigen.

Nun fängt es auch noch an zu regnen.

Jacob späht die Straße hinauf und hinunter, kein Huhn zu entdecken, aber das ist auch kein Wunder bei dem Menschengewimmel, das die breite Straße beherrscht. Gerade jetzt donnert ein großer Tanklaster vorüber. „Long Vehikel", liest er, der Mammutwagen scheint von einem der nahen Ölfelder zu kommen und ist wohl auf dem Weg zum Hafen.

„Der hat es aber verdammt eilig." Jacob kratzt sich am Kopf. Auch die vielen Menschen auf der Straße haben es eilig. Es mag an dem drohenden Regen liegen, der nun jederzeit den Beginn der nassen Jahreszeit einläuten wird und den die Menschen nur sehr ungern draußen abbekommen wollen. „Aber", denkt Jacob, „die Leute hier auf der Straße rennen doch alle immer schnell, als ob sie verfolgt würden. Keiner achtet auf den anderen, schnell, schnell, wie die dummen Hühner!"

Schon seit Tagen hängen schwere Wolkenschiffe über Lagos. Alle wissen, wenn dieser Himmel erst einmal begonnen hat, seine Schleusen zu öffnen, dann wird sich die Ausfallstraße der Riesenstadt schnell in einen glitschigen roten Acker verwandeln. Die Straße wird aussehen wie ein Schlachtfeld unter Granatenbeschuss. Bei sehr heftigem, tagelangem Sturzregen kann es passieren, dass sich dort, wo jetzt noch eine ziemlich platt gewalzte Fahrbahndecke liegt, eine stetig anwachsende Schlammlawine die abschüssige Straße hinabdrängen wird. Jacob fürchtet um seine Hühner und ruft sie so laut er kann: „Wo seid ihr beiden Racker? Los kommt! Trick, Truck, kommt, kommt schnell, der Regen kommt, putt, putt, putt, putt!"

Beide sind exzellente Eierleger, Mamas und sein ganzer Stolz, auch, weil die Eier sich gut auf dem Markt verkaufen lassen.

Als die ersten schweren Regentropfen Jacob treffen und er sich zum Schutz schnell seine Stoffkapuze über den Kopf zieht, erreichen ihn auch die ersten Erdklumpen, gefolgt von mehreren anderen, die meisten jedoch verfehlen weit ihr Ziel, einige kann er heranfliegen sehen und ihnen ausweichen, indem er sich schnell wegduckt, tief nach unten. Aber wie jetzt bloß entkommen, denn die Greifräder seines alten Rollstuhls sind glitschig geworden, vom Regenwasser und dem Dreck, der geworfen wird.

Das alles tut weh, vor allem das hämische Johlen der Kinder seiner Nachbarschaft, wenn er von einem der Brocken getroffen wird.

Am meisten schmerzt ihn die Häme der Kinder, der kann er am wenigsten entgehen, die liegt ihm nagend in den Ohren, wie das Gejaule von Hyänen, die er in der Nacht hörte, als er auf dem Land im Heimatdorf seines Vaters schlief. Das war unanständig laut und kläffend und dauerte die ganze Nacht an. Die Aasfresser hielten erst ihre hässlichen Mäuler, wenn der Leopard durchs Unterholz schlich, wie Vater ihm erzählte.

Jacob weiß jetzt, „nix wie weg“. Er legt sich kräftig ins Zeug, die Wut, die er fühlt, gekoppelt mit Angst, verleiht ihm Zusatzkräfte, er beißt die Zähne zusammen und schafft es bis zum Tor, und bevor er dieses hinter sich zuknallt, huschen im selben Moment zwei Federschatten mit lang nach vorne gestreckten Hälsen unter ihm durch, Trick und Truck, seine Hühner auf Abwegen. Er atmet durch, wischt sich über sein nasses und verschmiertes Gesicht und rollt fix zum Haus. Jetzt, wo er in Sicherheit ist, schmeckt er im Regenwasser, das von seinen Haaren tropft, auch das Salz seiner Tränen.

Als Mum aus dem Haus nach ihm ruft, ist für einen Moment seine Welt fast wieder in Ordnung. Er rollt ins Haus, draußen prasselt der Regen und hinterlässt die ersten Pfützen. Gierig trinkt der ausgetrocknete Boden das ersehnte Nass, die Hühner drängeln sich im Stall aneinander und Jacob freut sich über den süßen Tee aus der Blechkanne und ein paar leckere Maiskekse, die Mutter ihm auf den Tisch stellt.

Jacob schweigt, dann denkt er in die Vergangenheit zurück. Erst als sie umziehen mussten, von der Innenstadt von Lagos an den Stadtrand, hatte er richtig verstanden, am eigenen Leibe erfahren müssen, was es bedeutet, hier in Nigerias großer Stadt am Meer behindert zu sein. Hier sind alle beschäftigt, hier ist es wichtig, schnell zu sein!

„Ich bin doch nur eine Last ... alle anderen arbeiten, sind nützlich, ich tauge nichts. Bin ich wirklich vom bösen Geist befallen, wie die Leute im Dorf sagen? Aber vielleicht muss ich ja gar nicht groß werden, die Nieren werden es schon schaffen, und dann bin ich eben weg! Dad ist tot, dann treffen wir uns wieder, da oben im Himmel, wo die Engel wohnen!"

Mum geht aus der Küche und Jacob weint. Jungen weinen nicht, er ja!

Er denkt bitter, selbst hier in Lagos, dieser Riesenmetropole, die so westlich aussieht, wird er versteckt gehalten.

Und die Kinder der Nachbarschaft, die ihn kennen, jagen ihn, die zur Schule gehen und lernen, sind auch nicht besser, sogar schlimmer. Wenn es mehr solche Menschen geben würde wie Mister Nelson! Jacob spürt einen Kloß im Hals.

Sogar vom zuständigen Bezirkskrankenhaus am Rande der Millionenstadt, wo er auch schon früher behandelt wurde, auch wegen seiner Nierenschmerzen, wurde er nach zwei Tagen nach Hause geschickt, weil es, wie man ihm und seiner Mutter sagte, für ihn keine Heilung geben werde, es sei völlig unrealistisch bis unmöglich, bei einem behinderten Kind und bei einem Vater, der ein Oppositioneller sei, an eine Spenderniere zu denken. „Dazu findet sich keiner bereit!"

„Nicht einmal rot geworden ist sie, diese Ärztin", hatte Jacobs Mutter Jonathan zornig berichtet, „erst ein Todesurteil zu verkünden und dann schnell zu verschwinden!

Stellen Sie sich das vor! Und das im 20. Jahrhundert, verstehen Sie, Mister Nelson? Kein Schamgefühl haben die Menschen hier. Das ist doch gemein! Oder wenn nicht das, dann Dummheit, oder?" Jonathan nickt, er weiß, wie dem Jungen zumute ist.

Nun ist auch die Aussicht auf eine Spenderniere nur ein unerfüllbarer Wunsch, ein Traum geblieben, und nur ein Traum würde Jacob retten können. Und um diese Chance zu haben, bräuchte man Geld, zum Beispiel um nach Johannisburg zu fliegen, für eine notwendige Untersuchung vor einer möglichen OP.

Bitterkeit steigt heftig hoch in Jacob: „Da ist der Beweis, alle haben recht, ich bringe nur Unglück, ich bin eine Last, weg mit mir!"

Seitdem er den Laptop seiner Schwester Neyla benutzen darf, ein Geschenk von ihr zum Abschied, hat er gelernt sich durch das Internet besser zu informieren. Mister Nelson hat ihm gestern schon geholfen, auch heute kommt er zu ihm, und sie sitzen nebeneinander vor dem Bildschirm.

Schon gestern, als er allein auf seinem Zimmer war, konnte er auf die Seiten gehen, wo er etwas über seine Erkrankung, die Poliomyelitis, lesen kann.

Mister Nelson sucht im Netz, er will, dass Jacob versteht. „Halt, hier gibt es einen Kommentar: Wenn du das hier liest, dann wirst du mehr wissen, ich habe dir den Link ganz bewusst hergestellt. Bitte Jacob, lies, was dort steht, sobald wir mehr Zeit haben, werden wir darüber sprechen müssen. Das ist doch alles eine einzige Sauerei!"

Mister Nelson und er verabreden sich für den nächsten Tag und Jacob bleibt alleine zurück. Er ist ganz aufgeregt, denn nun bekommt er zum ersten Mal genaue Informationen zu seinem Krankheitsbild, Informationen, in der nicht die Rede ist von einem bösen Geist, der ihn besessen hätte. „Polio, spinale Kinderlähmung", liest er laut, „die durch den Poliovirus verursacht wird, war als Epidemie fast ausgerottet, trat jedoch 2003 wieder in Nigeria auf, weil der Arzt und Präsident des Obersten Scharia-Rats in einem islamischen Rechtsgutachten behauptete, dass Polio-Impfungen eine Verschwörung seitens der USA und der UN gegen den muslimischen Glauben darstellten und dazu dienen würden, die Muslime zu sterilisieren. Noch zehn Jahre später wurden Mitarbeiter, die am Impfprogramm mitgewirkt hatten, von

Motorradschützen der islamischen Sekte Boko Haram ermordet."
Jacob atmet durch, schluckt seine Tränen hinunter und überlegt.

Ist das wohl überall in der Welt wie hier, werden auch anderswo behinderte Kinder so fies behandelt? Jacob ist ganz aufgeregt und neugierig. Als Erstes erfährt er, dass Polio nicht überall ausgestorben ist, es gibt neben Nigeria noch einige wenige Länder Afrikas, wo diese Erkrankung immer mal wieder aufflackert, meist durch Kriege bedingt, weil dann die Impfungen vernachlässigt werden.

Er sucht weiter. „So ein Internet ist eine tolle Sache", denkt er und hält die Luft an, denn unter den Stichworten Nairobi und Polio stolpert er über eine Seite, die er nicht erwartet hätte: Dancing Company Unlimited.

Es findet einen kurzen Text und ein längeres Video. Neugierig klickt er den Film an und kommt aus dem Staunen nicht mehr heraus.

Auf dem Video ist ein junger Mann zu sehen, der ruhig auf dem Boden liegt. Er liegt auf dem Boden einer Bühne, dann ertönt sanfte Musik, die allmählich lebhafter wird. Der Mann, der nur eine weiße lange Strumpfhose anhat, ist sehr schlank. Er bewegt sich ausdrucksvoll zur Musik auf dem glatten Boden, er windet sich, er schlängelt sich, er krümmt sich, rollt und gleitet durch den Raum, zunächst scheinbar ohne ein Thema, dann erscheint es Jacob so, als ob er unter Schmerzen leidet, denn seine Gesichtszüge offenbaren Leid, ist er doch offensichtlich in einen Kampf verwickelt. Plötzlich rollt er sich zusammen wie ein Baby und scheint zu kapitulieren, streckt sich, liegt erschöpft da, atmet kaum, dann aber beginnt er wieder sich zu bewegen, kugelt umher …

Mit auf der Bühne steht ein Rollstuhl. Um ihn herum entwickelt der behinderte Tänzer immer neue Figuren, neue Bilder, neue Themen. Jacob versteht manche Bilder sofort, es sind Alltagsszenen, die inszeniert werden, die unmittelbar zu den Zuschauern sprechen, aber manche Sachen versteht er gar nicht.

Was bleibt, ist, dass ihm der Tanz irgendwie Kraft und Stärke gegeben hat, hier tanzt jemand auch für ihn und für alle Menschen, die sich selbst entwickeln wollen, die, vielleicht wie er, manchmal nicht gemocht werden, weil sie anders sind.

Der Tänzer scheint nun von außen beworfen zu werden, er duckt sich weg, er schützt sich, seinen Körper, Wurfgeschosse scheinen ihn zu treffen, auf ihn niederzuprasseln, er spielt, dass er getroffen wird, wieder und wieder ...

Jacob stockt der Atem, er schaut in einen Spiegel, er ist atemlos.

Dann scheint der Mann erschöpft zu sein, er setzt sich in den Schneidersitz, verbeugt sich und es wird geklatscht, viele Zuschauer scheinen bei der Aufführung zugeschaut zu haben. Dann eilen zwei junge Männer, ebenso gekleidet wie der Bodentänzer, herbei, heben den Gelähmten hoch und tanzen mit ihm weiter, halten ihn, stemmen ihn hoch, lassen ihn an ihren Körpern hinuntergleiten, alles sieht sehr leicht und harmonisch aus. Bis sie ihn behutsam in den Rollstuhl setzen, alle Tänzer beugen sich zu ihm und dann ist das Video beendet.

Jacob schließt den Deckel seines Computers. Tränen füllen seine Augen.

Zwölf

„Vielleicht sind wir alle bald klüger!" Jacobs Mutter steht auf, um in der Küche das Abendbrot zu machen. „Sie bleiben doch zum Essen, Mister Nelson, ich habe zur Feier des Tages ausnahmsweise ein Fläschchen europäischen Weins aufzumachen: Neyla fliegt nach Deutschland!"

Jacob sperrt Mund und Nase auf und sagt: „Klasse, los Mum, erzähl, wann und wie hat sie das fertiggebracht!"

„Warte Jacob, deine Schwester kommt gleich nach Hause, sie soll dir alles genau selbst erzählen!"

Mister Nelson macht den Wein auf, Neyla kommt im selben Moment nach Hause und Jacob strahlt. Neyla hat einen seltsam langen Umschlag in der Hand und wedelt damit hin und her, als ob sie sich Frischluft zufächeln will.

„Hier, liebe Leute, hier ist es Schwarz auf Weiß!“ Jacob schreit auf, er möchte alles lesen und ist aufgeregt wie seine Hühner beim Eierlegen.

Mister Nelson sagt, „Prost“, und Neyla erzählt die ganze Geschichte von der Warteschlange, von ihrem alten Kumpel Muhammadu, dem Motorrad, dem Lehrer im fernen Deutschland und der Einladung mit Hin- und Rückflugticket. Stunden später sitzen alle vor dem Laptop und informieren sich über Deutschland, die Reiseroute, übers Wetter dort und über deutsches Essen.

Dreizehn

Beim Landeanflug auf Frankfurt schaut Neyla neugierig von oben auf die erste deutsche Stadt, die sie in ihrem Leben zu sehen bekommt. Das innere Stadtbild ist nicht sehr anders als das in Lagos: Ein Hochhaus drängt sich an das nächste, groß, anonym, modern. Aber was im Gegensatz zu Lagos fehlt, ist der breite Gürtel der Elendsviertel, der Lagos umgibt. Davon ist hier rein gar nichts zu erkennen. Im Gegenteil: Rund um Frankfurt wirkt es grün und hügelig. „Gibt es hier denn gar keine armen Leute?“, denkt sie erstaunt.

Es ist schon ein sehr seltsames Gemisch von Empfindungen, Angst, Neugier, Hoffnung und Erwartung, dieses Land zu betreten, von dem sie so oft gehört und gelesen hat. Da sie die Sprache versteht, fühlt sie die Fremdheit nicht wie vielleicht andere, die aus Afrika hierher kommen mögen. Im Flugzeug noch war die Zusammensetzung der Passagiere bunt gemischt und jetzt? Nur weiße Gesichter, wenig Lachen: „Muss ich mir Sorgen machen, ob die Menschen mich hier akzeptieren werden? Ich fühle mich nicht besonders beachtet, obwohl ich doch eine schwarze Hautfarbe habe. Normal, was ist das nur?“

Kurz vor dem Zoll stockt kurz ihr Herz, zuerst sieht sie nur den Rollstuhl, der im Neonlicht glänzt, dann aber entdeckt sie, dass in dem Gefährt eine ältere Dame sitzt, sehr würdig!

„Jetzt aber muss ich mich um mein Gepäck kümmern und den Weg zum Ausgang finden! Werde ich erwartet?"

Dann plötzlich sieht sie ein Lachen hinter der Scheibe, dort stehen sie, ihre Gastgeber, untergehakt, wie ein junges Paar!

„Hallo!"

„Hallo, welcome in good old Germany, come on!"

„Danke, ich danke Ihnen, ich freue mich!"

Die drei umarmen sich und Herr Weidner kümmert sich ums Gepäck.

Die beiden Frauen weinen.

Neyla spürt, wie die Erleichterung sie umspült wie eine warme Welle. Sie lässt ihren Gefühlen freien Lauf und bemerkt zu ihrem Erstaunen, dass auch ihr ehemaliger Deutschlehrer feuchte Augen hat.

An beide erinnert sie sich noch sehr gut. Er war ihr Deutsch- und Klassenlehrer, sie unterrichtete Englisch und Kunst.

„Neyla, wir sind noch nicht zu Hause. Es ist noch ein ganzes Stück mit dem Zug, bis wir in Bielefeld sind." Und so steigen sie in einen ICE.

Auf der langen Zugfahrt hat Neyla Gelegenheit vom Tod ihres Vaters zu erzählen, vom Wüten der Boko Haram, vom zwölfjährigen Bruder Jacob, der seit Jahren im Rollstuhl sitzt und nun so nierenkrank geworden ist, dass er dringend eine neue Niere benötigt.

Frau und Herr Weidner hören ihr schweigend und von Mal zu Mal betroffener zu. Und sie versuchen Neyla erst einmal mit Worten zu trösten: „Du jedenfalls bist jetzt erst einmal in Sicherheit."

Sicherheit – was für ein wunderbares Wort!

Am Bahnhof in Bielefeld angekommen, steigen sie in das Auto der Weidners und sind innerhalb von zehn Minuten in der Beethovenstraße, wo die Familie ein wunderschönes altes Haus bewohnt. Die beiden zeigen Neyla das Zimmer ihres Sohnes, wo sie ab jetzt wohnen kann. Es ist groß, hell, mit schönen und praktischen Möbeln ausgestattet. Und Neyla kommen schon wieder die Tränen. „Wenn es einen Himmel gibt", denkt sie, „dann kann er eigentlich nur so aussehen!"

Als Erstes muss sie aber nun Kontakt zu ihrer Familie aufnehmen. Sie hat vor ihrer Abreise dafür gesorgt, dass sie skypen können. Und sofort hat sie Jacob auf dem Bildschirm, der natürlich schneller am Laptop war als seine Mutter. Sie berichtet ihm vom aufregenden Flug, der schönen Zugfahrt durch das grüne Deutschland und dann ihrer Mutter von der netten Gastfamilie und ihrem neuen Zuhause. Nun weint ihre Mutter: aus Erleichterung, dass Neyla die lange Reise gut überstanden hat und sie nun in Sicherheit ist.

Nach dem Abendessen, das für Neyla natürlich sehr fremd ist, viel Brot, viel Käse und Salat, zeigen ihr die Weidners das restliche Haus und den Garten. Alles ist großzügig, geschmackvoll, kultiviert und lässt sich mit ihrem letzten Zuhause am Rande von Lagos gar nicht vergleichen. Aber auch ihre Stadtwohnung, in der die Familie noch mit Vater zusammengelebt hatte, hält keinem Vergleich stand. Wie einfach, ärmlich war doch auch dort alles gewesen.

Da Herr und Frau Weidner am nächsten Tag wieder in ihre Schulen müssen, darf sich Neyla aus dem riesigen Bücherregal mit Literatur eindecken, „damit du dich nicht langweilst, bis wir zurück sind". Davor hat sie allerdings gar keine Angst. Sie hat das Gefühl, sie könnte noch stundenlang durch dieses wundervolle Haus und den Garten gehen und staunen.

Das Mittagessen am nächsten Tag, das Frau Weidner zubereitet hat, schmeckt Neyla schon entschieden besser. Frau Weidner hat ja lange in Lagos gelebt und ein Gericht ausgesucht, scharf gewürztes Gemüse mit Reis und Hühnchen, das Neyla an ihre Heimat erinnert. Sie spricht nun mit den beiden darüber, dass sie gerne arbeiten würde, um so zum Unterhalt, wenigstens ein bisschen, beitragen zu können. Aber mit einem Touristen-Visum darf sie das in Deutschland nicht. Frau Weidner hat aber eine andere

Idee und fragt ihren Mann: „Hier gibt es doch das IBZ, das Internationale Begegnungs-Zentrum. Glaubst du nicht, dass die da Leute brauchen können als Übersetzer und Sprachlehrer?"

Herr Weidner hängt sich gleich ans Telefon und ja, dort brauchen sie dringend jemanden, der das nigerianische Yoruba spricht, denn es sind doch einige Menschen aus Nigeria unter den Flüchtlingen.

„Du wirst dort aber kein Geld verdienen, das darfst du nur ehrenamtlich machen."

Und auf Neylas fragendes Gesicht hin sagt Herr Weidner: „So nennt man das hier, wenn man Menschen hilft oder eine Arbeit macht, ohne dafür Geld zu bekommen."

Doch erst einmal ist Neyla froh, sich überhaupt nützlich machen zu können, und schon am nächsten Nachmittag bringt Herr Weidner sie ins IBZ.

Am Abend erzählt sie stolz, dass sie mit drei jungen Männern und einer jungen Mutter aus Nigeria gesprochen und ihnen auch schon ein ganz, ganz kleines bisschen Deutsch beigebracht habe.

Darauf stoßen die drei mit einem Glas Wein an, und Neyla darf ihre Gasteltern nun Uwe und Charlotte nennen. Als die beiden mit ihrem Sohn Florian in Neuseeland skypen, wechselt auch sie mit ihm ein paar Sätze, um ihm zu sagen, wie wunderschön sie es in seinem Zimmer findet.

Nun geht sie dreimal in der Woche ins IBZ, hilft Charlotte bei der Hausarbeit und im Garten und fühlt sich immer wohler in Bielefeld. Von den heimlich vergossenen Tränen in Gedanken an ihre Mutter und ihren Bruder abends im Bett erzählt sie niemandem.

Nach etwa einer Woche besucht sie zusammen mit Charlotte deren Hausarzt, um ihm von der Krankheit ihres Bruders zu erzählen. Der findet, man dürfe mit der Übersiedlung des Jungen nach Deutschland nicht mehr allzu lange warten, da er ja erst, wenn er hier sei, auf eine Warteliste für ein Spenderorgan komme. Um aber Näheres zu erfahren, müssen sie sich noch an einen Facharzt im Klinikum wenden. Auf den Termin müssen sie erst einmal zwei Wochen warten. Als sie endlich in seinem Sprechzimmer sitzen, hat der die Idee, dass vielleicht sogar Neyla als Organspenderin infrage komme, da sie ja nah mit Jacob verwandt sei. Er klärt sie über die Vorteile und Risiken auf und gibt ihr auch eine Menge Informationsmaterial mit.

Neyla ist sofort bereit auf diese Weise ihrem Bruder zu helfen. Nun muss der nur noch die Möglichkeit haben, nach Deutschland zu kommen. Das dürfte aber nicht allzu schwierig werden, weil die Weidners fest entschlossen sind, die Deutsche Botschaft von der Dringlichkeit zu überzeugen. Und Nigeria? Tja, das Land schiebt ganz gern Behinderte ab. Die Behörden dort werden Jacob mit Sicherheit keinen Stein in den Weg legen.

So sind alle guten Mutes, und Herr Weidner setzt sich gleich hin, um einen Dringlichkeitsbrief an die Deutsche Botschaft zu schreiben, um auch für Jacob ein Visum zu bekommen.

Vierzehn

Früh am Morgen wird Neyla durch ein scharfes und hartes Geräusch vor ihrem Fenster geweckt. Das Geräusch schmerzt ihr in den Ohren und weckt böse Erinnerungen an einen Schuss. Sie springt aus dem Bett, schaut aus dem Fenster und erschrickt. Direkt vor ihr auf dem Fensterbrett sitzt ein großer schwarzer Vogel. Er schaut sie mit seinen kleinen starren Punktaugen direkt an und sie wendet sich ab.

Sollte es möglich sein, dass dieses Tier ihr bis hierher gefolgt ist oder hier auf ihre Seele gewartet hat, um Unheil in ihr neues Leben zu bringen? Ein Bote mit einer schlechten Nachricht? Sie musste diese Nacht nicht von dem Attentat träumen, von den Schüssen auf ihren Vater, wie auch schon die Tage zuvor.

„Als ob dieses Land mich zur Ruhe kommen lässt, oder?"

Sie legt sich wieder ins Bett, bis sie es dort nicht mehr aushält, springt wieder auf, greift nach einem Schuh und läuft zurück zum

Fenster. Der große Vogel ist fort, nur von weit her hört sie ihn anklagend schreien.

„So etwa wie der Schmerzensschrei eines geschlagenen Kindes klingt es“, denkt sie.

Sie tut sich leid, denkt jetzt an Jacob und wird traurig.

Der Rabe ist in der Märchenwelt ihrer Heimat ein böses Tier, steht er doch für Unglück und Abschied, schwarz wie er ist und so seltsam sein Schrei klingt.

Sie öffnet das Fenster, blickt sich um, aber was sie sieht, ist beruhigend. Der Park hinterm Haus ist freundlich, dahinter sieht sie die hohen Bäume des Teutoburger Waldes. Keine weiteren schlechten Zeichen tauchen auf, beunruhigen sie und sie kann tief durchatmen und das Fenster wieder schließen.

Es ist still um sie und im Haus.

Sie stellt sich unter die Dusche und versucht die „bösen“ Gedanken im warmen Wasserstrahl zu ertränken, denn das wäre das Letzte, was sie jetzt brauchen könnte, ein böser Blick auf ihre Welt, auf ihre Zukunft, ein Blick, der alles schlecht denkt, ein Schatten, der sich zeigt, sobald sie von Erinnerungsfetzen getroffen wird.

Mister Kibale aus Lagos würde sie jetzt auslachen, wenn sie ihm vom Raben erzählt hätte, und das zu Recht!

Aber ich werde ihn trotzdem fragen, heute Nacht am Telefon, er kennt sich aus mit der Kraft der Symbole unserer Kultur.

„Unsinn“, hört sie Dad sagen, „alles Aberglaube, Neyla, meine Große, lass dir doch nicht so einen Unsinn erzählen, die wollen doch uns alle nur einschüchtern, diese Bilder, die dich treffen sollen, so ein Humbug! Gefährlich ist nur, wenn die Menschen andere Menschen verletzen wollen, das werden sie tun, mit Kugeln, aber eines werden sie nicht erreichen, sie können uns nicht entmutigen, wir haben das Wort auf unserer Seite und die Wahrheit!“

Und auch Mister Nelson würde nur lachen und sagen: „Wirklich gefährlich ist der Mensch, kein Tier hat die Macht, nur die, die wir ihm andichten!“

„Was für eine komplizierte Welt!“ Neyla dreht den Wasserhahn ab, man darf kein Wasser verschwenden, nein, Wasser ist das höchste Gut!

Aber die Ölbonzen, die durften ungestraft die Mangrovenwälder vernichten. Die Heimat liegt auf dem Boden, wie ein kahler Strunk, in Öl ertränkt.

Raben, pah.

Neyla zieht sich an und geht nach unten, wo das Frühstück auf sie wartet. Ist das schön! So ein extra für sie vorbereitetes Essen, warme Milch für den Kaffee und extra Tee, das ist ja kaum zu glauben.

Neyla entdeckt auf ihrem Frühstücksteller unter einer Serviette verborgen einen Zettel und erkennt die Schrift ihres Gastgebers, Herrn Weidner. Sie hat diese Schrift sofort wiedererkannt, diesen kühnen Schriftzug unter ihrem letzten Zeugnis, die Empfehlung zu einem Studium, zu einem der vielen Tore zu einer freieren Welt. Aber wie soll sie es schaffen, jemals zu der Schwelle zu kommen? Würde sie auf dem Weg dorthin nicht scheitern? Woher die Kraft und das Geld nehmen? Ein Stipendum vielleicht?

So ein Traum.

Träume können auch hart sein und brutal. Neyla denkt an ihren Vater, erschossen auf der Höhe seiner Schaffenskraft, mitten im Leben, in dem Sperrfeuer der Kritik, aber doch nicht im Kugelhagel.

Neyla schwört sich, nicht tagtäglich an ihr Zuhause zu denken. „Davon werde ich noch ganz verrückt!“

Sie liest den Zettel: „Heute, um 15 Uhr Treffen mit der Presse, mit der *Neuen Westfälischen Zeitung* in Bielefeld vor der Kunsthalle. Du wirst interviewt zum Thema: Aus anderen Ländern frisch in Bielefeld, erste Eindrücke!“

Neyla denkt an den Raben. Ist er für mich ein Unglücksbote? Kann ich es trotzdem wagen, heute vor die Tür zu gehen?

Neyla packt die Sachen in der Küche zusammen, holt tief Luft und geht entschlossen durch die Haustür nach draußen, wo sie sich umsieht, aber keinen Raben entdecken kann.

Sie lacht. „Alles dummer Aberglaube!“ Vaters Worte zeigen Wirkung und haben Gewicht. Das würde sie heute als Erstes sagen: „Mein Vater war Journalist!“ Es ist beruhigend einen guten Anfang zu haben! Später kann ich immer noch vom bösen Raben erzählen!

Fünfzehn

Die Kunsthalle Bielefeld beherbergt auf der Parterreebene ein kleines, feines Speisecafe mit Namen „Schäfer's“. Das Cafe wurde letztens vom Restaurantführer VARTA zu einem der schönsten Museumscafes gekürt, eine Auszeichnung, der man sich anschließen kann, versetzt es doch den Besucher in eine sowohl beruhigende als auch anregende Stimmung, die einem anschließenden Kunstgenuss nur förderlich sein kann.

Der Bau selbst, der als Stiftung des Familienunternehmers Dr. Rudolf Oetker in den 60er-Jahren von einem Stararchitekten aus USA errichtet wurde, war, als die Oetkers ihr den Namen „Kaselowsky-Halle“ geben wollten, von der Namensgebung her lange umstritten, bis sich der potente Mäzen zurückzog, mitsamt seiner Werke. Richard Kaselowsky, Stiefvater von Rudolf Oetker, war den Parteien im Rathaus in Bielefeld wegen seiner Nähe zum NS-Regime zu suspekt.

Wenn man die unselige Geschichte zwischen Beleidigtsein und Machtdemonstration kennt, erscheint einem der Bau von Mann und Maus verlassen, etwas verloren an einer großen Kreuzung zu stehen. Für das unbelastete und aufmerksame Auge des Betrachters ist es ein Kleinod aus rotem Sandstein, dessen Eingang von zwei Skulpturen der Künstler Rodin und Laurens flankiert wird.

Johanningmeier, vorübergehend einmal außer Dienst, hat sich hier zu einer Tasse Kaffee niedergelassen. Er muss sich manchmal ganz bewusst von seiner Arbeit distanzieren, um das Schöne in der Welt zu suchen, weg von Mord und Totschlag.

Irgend etwas irritiert ihn nachhaltig an dem Blick der Frau vis à vis. Sie sitzt neben der Eingangstür zur Terrasse zusammen mit einigen Frauen, deren Gesichter er nicht genau erkennen kann. Bei einer der Frauen allerdings denkt er, er kenne sie von Pressekonferenzen im Präsidium.

Auch für andere Menschen der Öffentlichkeit scheint das hier ein feiner Ort zum Verweilen und Entspannen zu sein. Wissende Augenmenschen sitzen an ihren Tischen, vor sich Kaffee und Kuchen, es ist früher Nachmittag, leichte Gesprächsfetzen durchfliegen den weiten Raum, die einladende Atmosphäre ist unterlegt von sanfter Hintergrundmusik.

Es ist ein guter Ort, sich auf einen Besichtigungsgang durch die aktuelle Ausstellung mental einzustimmen, es ist durchaus eine Wartehalle zur Konzentration für eine nachfolgende ästhetische Erkundung.

Sobald der selbst gemachte Kuchen vertilgt ist, werden die Besucher ihre Schritte in die hohe Eingangshalle lenken, um von dort im ersten und zweiten Stock des Kunsttempels die ausgestellten Objekte mit mehr oder weniger Kunstverstand zu genießen.

Johanningmeier schaut wieder zu den Augen hinüber und fragt sich, was ihn irritiert. Niemand in diesem Raum schaut so, wie soll man sagen, gehetzt? Die Pupillen der Frau jagen hin und her, wie Suchscheinwerfer in der Nacht. Die Fluchtbereitschaft, die signalisiert wird, steht in einem harten Kontrast zu der allgemeinen Gelassenheit der anderen Gäste. Was steckt hinter der Stirn? Welche Gedankenflut ist so gewaltig, dass die Frau sich scheinbar so bedroht fühlt, obwohl die Umgebung in dem Cafe ungemein friedlich ist?

Hat die Frau diese Fluchtbereitschaft schon mitgebracht? Was haben ihre Augen gesehen? Was für Dinge, die sie nicht sehen wollten, aber vielleicht mussten?

Als sich ihre Blicke kreuzen, wird er von einem Gefühl berührt, das er zunächst nicht einordnen kann. Dann, als er es einen Moment länger auf sich wirken lässt, bekommt es einen Namen: Todesangst.

So direkt, blank und ohne jeden Versuch, diese Angst zu verbergen, ist sie ihm bislang noch nie begegnet, und er denkt, dass es ihm bisher nicht so bewusst gewesen war, dass auch er sie in sich tragen könnte.

Wer bin ich? Woher komme ich?

Als ob es ihm eine Antwort wäre, sieht er, dass die Frau aus Afrika kommen muss, so dunkel wie ihre Haut ist. „Ob so dunkel ihr Schmerz ist?", fragt er sich unwillkürlich und denkt auch an seinen eigenen seelischen Schmerz, den er wieder und wieder aufsteigen fühlt, wenn er an seinen Sohn denkt.

Vor einigen Tagen hat er von seiner Exfrau erfahren müssen, dass ihr gemeinsamer Sohn abgestürzt ist, in den Alpen auf einer an sich nicht schwierigen Wanderung mit Freunden. Kopfüber sei er einen steilen Abhang hinuntergefallen und habe bei allem Unglück Glück gehabt.

„Nur Rippenbrüche", hatte der Arzt der Klinik in Traunstein gesagt, „jedoch, es ist ein komplizierter Rippenbruch dabei, der sich seitlich in die Lunge geschraubt hat."

„Ich komme runter", hat er spontan gesagt, sitzt aber noch immer hier in Bielefeld, der Chef hat ihm zwar freigegeben, aber seine Exfrau war, wie so oft, schneller und schon unterwegs nach Traunstein.

„Auch ich bin nicht frei von so starker Angst", denkt er bitter.

Mit einem Ruck löst er dann seinen Blick von der Innensicht und schaut wieder zum Nachbartisch hinüber und sieht, dass die dunkelhäutige Frau verschwunden ist.

Über der Stadt Bielefeld ballen sich dunkle Wolken zusammen. Johanningmeier geht schnell über den zugigen Vorplatz vor der Kunsthalle zur Bushaltestelle und ist froh, dass er die ersten Tropfen aus dem Bus heraus beobachten kann, die ihre Spuren auf der Fensterscheibe hinterlassen. Wie Spinnweben, die sich über das Glas verteilen. Er muss an das Wort „Schlepper" denken. Menschenfischer, Kriegsgewinnler. Gab es die nicht schon immer? Wer verdient an einem regionalen Konflikt, wenn Bomben fallen, wie in Gaza? Die israelische Rüstungsindustrie? Bildet die Armee nicht fremde Soldaten in Schnellkursen für den Häuserkampf aus? Nachrichten spülen über die Medien in unsere Gehirne und hinterlassen dreckige Spuren.

Viele, viele Bilder von Menschen, die fliehen, Männer, Frauen, Kinder, zu zweit, zu dritt, in Scharen ankommend, konnte er gestern in einem Fernsehbericht sehen, Gesichter, die leer erscheinen, ohne große Erwartungen. Das elfte Gebot lautet: „Du musst leben!" Und das zwölfte?

Die Medien füllen ihre Sendezeiten mit Tausenden von Bildern über Fliehende, ihre Berichte über Bootsflüchtlinge im Mittelmeer, über die Balkanroute, über den nächsten Fluchtweg. Jeden Abend dieselben Bilder, anderer Leute Schmerzen, Unheil ... Abgelöst werden die Gedanken an das Unheil der anderen von den sorgenvollen Gedanken an die eigene Familie, Gedanken, die sich zum Beispiel um den Unfall seines eigenen Sohnes drehen.

„Sind das Luxusprobleme?"

Er verneint die Frage für sich selbst und blickt sich im Bus um. Um diese Nachmittagszeit gibt es nur wenige Fahrgäste und die, die mit ihm im Innenraum des Busses sitzen, sind mit ihren Medienträgern beschäftigt, sehen vielleicht Filme, checken APPs, ihre Mails, alles, sie sind nur nicht mit der direkten Umgebung beschäftigt.

„Die Zeit, wo es noch Augenzeugen gab, wird bald endgültig vorbei sein", denkt er, „das wird unseren Beruf schwerer machen, die Erinnerungen meiner Generation werden ebenso verschwinden, auch die lebendigen Erinnerungen der Zeitzeugen." Es überkommt ihn eine große innere Müdigkeit, er schließt die Augen.

„Irgendetwas fehlt mir, vielleicht habe ich Eisenmangel oder es ist der Blutdruck", denkt er und lässt den Gedankenstrom vorbeisegeln wie Möwen in Strandnähe, immer auf der Suche nach etwas Fressbarem, von der Gier getrieben. Oder ist es das elfte Gebot, was sie beflügelt und ihre Augen glitzern lässt?

Er wird erst in seinen inselsüchtigen Urlaubserinnerungen gestört, als der Bus die Endstation erreicht hat. Der Busfahrer berührt ihn leicht an der Schulter und setzt sich dann neben ihn, um einen Plausch zu halten. Er bietet ihm von seinem Matetee an, und Johanningmeier genießt die unerwartete Zuwendung.

„Wenn es immer so leicht wäre, zu leben, dann kann man doch den Wunsch nach einer noch schöneren Ewigkeit, was uns die Religionen bei guter Führung versprechen, gar nicht mehr so wichtig finden, und am Beispiel des Busfahrers kann ich doch mein Vorurteil über meine sturen Landsleute aus OWL überdenken."

Den Rest der Fahrpause sprechen die beiden Männer über Arminia Bielefeld und sind sich schnell einig, dass die Mannschaft ein Meister darin ist, Siege zu verschenken, auch eine Wohltat für den Gegner.

Als er dem Bus noch ein wenig hinterhersieht, bemerkt er, dass er den Fahrer um dessen klar strukturiertes Leben beneidet: eindeutige Fahrpläne, festgelegte Wege, sinnvolle Arbeit. Ich dagegen weiß monatelang nichts, außer, dass ich nichts weiß. Er überschlägt kurz, wie viele Jahre er noch knechten muss, bevor er in Pension gehen kann.

Zu Hause nimmt er sich ein Bier aus dem Kühlschrank und lässt den Fernseher aus. Stattdessen hört er sich eine vertraute CD von Jonny Cash an, *At Folsom Prison*, bis er trotz der dynamischen und kräftigen Stimme der Countrymusic schläfrig wird.

Gerade als er sich weit nach Mitternacht auf den Weg zum Schlafen macht, er hat schon die Zahnbürste im Mund, geht das Telefon, am anderen Ende hört er die Stimme seiner Exfrau, ein echter Kontrast zu Cash. Er zieht die Bürste aus dem Mund. Er ist sofort knallwach, hoffte er doch schon den ganzen Tag, gute Nachrichten von ihrem gemeinsamen Sohn zu hören.

„Na, bist du noch wach?"

Johanningmeier spürt wieder diesen Anflug von Ärger, den er vor langer Zeit, als sie noch zusammen lebten, so oft gespürt hat.

Ihre dummen Fragen, wie er die hasste. Wobei er immer zu hören bekam, dass es keine dummen Fragen gäbe.

Also sagt er nicht, „nein, nein ich bin nicht mehr wach, das hört du doch?", sondern er erkundigt sich brav nach dem Gesundheitszustands des Sohnes.

„Bloß keinen unnötigen Ärger jetzt, es ist mitten in der Nacht und morgen kommt ein anstrengender Tag!“, denkt er.

„Schön, dass du fragst, es geht dem jungen Herrn besser! Ich bleibe noch bis Freitag und wir kommen dann zusammen zu mir nach Hause! Du kannst ihn morgen aber auch selbst anrufen, er hat nach dir gefragt!“

Sie legt auf, ohne sich nach seinem Leben zu erkundigen, alles andere wäre zu viel und ist ihm auch recht.

„Diese Distanz, die wir entwickeln können, wenn wir uns nichts mehr zu sagen haben, ist aber manchmal schon unheimlich“, denkt er und kann den Kreisel in seinem Kopf nicht abstellen.

Er denkt wieder an die fluchtbereiten Augen in dem Cafe.

Warum diese Todesangst? Was befürchtet diese Frau, was befürchte ich? Welche Zusammenhänge erzeugen bei vielen Menschen solche massiven Gefühle? Und was haben wir damit zu tun, dass Menschen aus anderen Ländern soviel Angst importieren? Oder exportieren wir zuvor die Angst dorthin? „Wer Waffen schickt, der wird dem Hass Flügel verleihen, und das Resultat sind dann hungrige und frierende Flüchtlinge auf dem weiten und gefährlichen Weg nach Europa.“

Lange kann er nicht einschlafen, obwohl das Telefonat mit seiner Exfrau ihn beruhigt hat, was die Sorge um seinen Sohn angeht.

Auch als er seinen Kopf auf das Kissen legt, in der Hoffnung, er könne seine Gedanken dort hinein verschwinden lassen, begleiten ihn die großen Augen der Frau noch lange.

Sechzehn

Das weit ausgestreckte Gebäude scheint nicht bewohnt zu sein. Wie jedes große Haus wirkt es, wenn es innen nicht beleuchtet ist, eher abweisend, leblos, ein wenig vielleicht auch wie ein schlafendes Tier, was sich jeder Zeit bedrohlich aufrichten könnte.

Auf dem sehr sparsam beleuchteten Parkplatz vor dem Gebäude stehen keine Autos, das dreistöckige Gebäude scheint Janosch Kowalsky unbewacht. Vorsichtig nähert er sich dem „Ungeheuer". Der leichte Regen gönnt sich eine längere Schaffenspause und gibt so dem nassen Asphalt eine Chance zu verschnaufen und sich vom leichten Wind abtrocknen zu lassen. „Kein Betrieb, auch gut, es sieht unbewohnt aus, vielleicht komme ich ins Gebäude rein? Wäre zu schön, um wahr zu sein … auch ist es allmählich zu kühl, um draußen zu schlafen!", denkt Janosch, sucht er doch dringend eine Bleibe, aber nur für eine Nacht, dann muss er weitergehen. Er ist ja nur auf der Durchreise. Sein Ziel ist weiter im Westen.

Normalerweise dienen ihm ein ländlicher Schuppen, eine Scheune als Unterkunft. Da fühlen sich nur die Mäuse gestört und ehe der Hahn kräht, ist er schon wieder auf den Beinen, die er gut trainiert hat.

Trotz einer vagen Beklemmung, ausgelöst durch den Anblick des Gebäudes, muss er lächeln.

Er will ja nichts anderes hier außer einen Ort zum Verschnaufen, er will nichts, außer gesund zu werden, und dazu muss er laufen, laufen, laufen … natürlich, wenn er der Polizei auffallen würde … er könnte sagen, er sei Tourist, Wanderer, unterwegs zu seiner Schuld oder weg von ihr?

Aber würde man ihm glauben, wenn er die Wahrheit sagen würde, eine, die er ja selbst kaum glauben kann?

„Gehen Sie … gehen Sie nach vorne, schauen Sie nicht zurück, nehmen Sie sich nur das Nötigste mit, keine Ablenkung, keine Rast, die nicht geboten ist … nehmen Sie Ihre Beine in die Hand, schalten Sie den Kopf auf Bewegen! Sie tragen ein großes Schuldgefühl, aber nur eines, das da ist, um das Unglück zu ertragen, gehen Sie mit Ihrem Schuldgefühl zu einer Pilgerstätte, hier haben Sie eine Liste, suchen Sie eine aus, aber weit weg muss sie sein!"

Die Telefonnummer von Dr. Pawlowski in Krakau war der Anfang seines Weges raus aus seiner psychischen Erkrankung. Würde dieser Weg ihm helfen?

„Na ja, schuldig oder nicht", denkt Janosch, „ich habe nichts ausgefressen, oder doch? Ich bin mir nicht sicher. Meine beiden Kinder sind jetzt in guten Händen, auch die Kleine, Little Bird habe ich sie genannt. Eine Schwangerschaftspsychose, so nennt man das, die soll meine Maria gehabt haben. Eine schwere seelische Störung, siehst du, also kann ich doch gar nicht schuldig sein. Aber warum dann die Zweifel, die Gefühle: Ich habe sie nicht gerettet!"

„Das ist symptomspezifisch, sagte Dr. Pawlowski, wenn ich Sie wäre, dann würde ich gehen. Gehen Sie immer weiter, bis Sie ihr Ziel erreicht haben, soweit Ihre Füße Sie tragen können! Und dann, wenn sich Ihre Depression gelichtet hat, dann rufen Sie mich an!

Machen Sie zum Beispiel eine Wallfahrt nach Czstochowa oder Pielgrzymka, wenn Ihnen das nicht zu nahe ist ... da können Sie auch gleich Ihre Schuld mit abladen!"

Eine ungewöhnliche Methode. Der Therapeut aus Krakau ist bekannt für seine verrückten Heilideen.

„Aber egal, wenn es mir hilft", denkt Janosch, „früher gingen die Leute doch auch, heute auch noch, sie pilgern nach Lourdes, nach Fatima ... laufen gegen die Angst, gegen die Schuld oder ganz modern gegen Burnout ... den ganzen Jakobsweg gehen sie, 30 Kilometer am Tag, mit Blasen an den Füßen, aber weiter, nicht aufgeben, sich nicht gehen lassen, gehen, selber gehen ... klar, wenn es hilft, immer besser als Tabletten?!"

Seit einigen Tagen kommen Janosch seine schweren Gedanken etwas entfernter vor, weniger bedrängend.

Wenn sie kommen, die schwarzen Gedanken, dann starten sie immer an demselben Punkt: in der Mitte des Hofes, seinem Bauernhof, dem ersten ökologischen Hof in Polen, soweit er weiß, und die Frau, seine Frau, die hing, oben auf dem Heuboden, am Kälberstrick.

Als er etwa vor zwölf Wochen auf seinen Hof fuhr, wusste er sofort, dass etwas geschehen war.

Er sieht sich noch mitten auf dem Hof stehen, sich umblicken und dann zur Scheune laufen, immer mit dem Gefühl: „Ich komme zu spät." Und er fand sie, wie befürchtet, eilte zu ihr, die steile Treppe nach oben, stürzte zu ihr, umfasste ihren schlaffen Leib, der leblos hing, löste die Schlinge und nahm sie behutsam hinunter auf den Boden, dabei entwich Luft aus ihren Lungen, so als ob sie noch lebe. Aber sie wollte nicht mehr leben. Vielleicht hatte sie ihren Glauben verloren, das Vertrauen, in ihn.

Erst trauerte er stumm, viele Tage, Wochen, sein Herz wurde zu Stein, er fühlte sich gefangen, hilflos, konnte nicht weglaufen, die Kinder brauchten ihn doch, besonders das Neugeborene.

Aber so eine Wochenbettdepression kann doch kein Grund sein, sich das Leben zu nehmen, sich zu erhängen! Oder doch? Seine Gedanken quälen ihn, lassen ihn nicht in Ruhe. Sicher ist nur: Tot bleibt tot, der Tod ist zu groß, als ob man ihn ertrüge.

Er hat geschrien, geweint, aber sein Herz blieb steinern, stumm, wortlos, bis er zum Doktor geschleppt wurde, von einem seiner Freunde, der hat auch organisiert, dass ein Betreuungsehepaar, selbst Bauern, von der Genossenschaft gestellt wurde.

Solidarnosc sei Dank!

Die machen jetzt seine Arbeit, sechs Wochen oder mehr, als Vertretung, das Vieh, die Kühe, die Schweine, Hühner versorgen, es muss ja weiter gehen, und vor allem den Kindern helfen, dem Baby, Little Bird.

Das Baby ist jetzt über zwölf Wochen alt ... Halbwaise, immer noch besser als Vollwaise, und deshalb ist er ja unterwegs und läuft sich den Gefühlsknoten aus seiner harten Seele weich.

Janosch geht vorsichtig weiter, er sucht von außen am Gebäude nach einer Möglichkeit, hineinzukommen. „Ich muss einen geeigneten Schlafplatz finden, so müde wie ich bin, aber möglichst nicht zu weit oben, im Parterre kann ich jederzeit raus."

Als er durch einen Seiteneingang das Haus betritt, traut er seinen Augen nicht, denn soweit er sehen kann, bei der Dunkelheit, befindet er sich in einem voll eingerichteten Hotel, nur der Service und die Gäste fehlen. Was ist hier los? Ganz kurz wagt er, zu seiner besseren Orientierung, seine Taschenlampe zu benutzen.

Er ist verwundert, denn jeder Raum ist eingerichtet, nicht üppig, aber mit dem Notwendigsten und ist sauber. „Welch ein Luxus für mich! Wenn ich an meine bisherigen Unterschlüpfe denke. Dieses Haus scheint wirklich zu warten, aber nicht auf mich, ist kein gefährlicher Ort, nein, ist eine Einladung für Gäste, die erwartet werden, bald, vielleicht schon morgen. Aber warum ist niemand da? Oder noch nicht?"

Er bleibt höchst konzentriert und wachsam. Er erschrickt, als er hört, dass draußen ein Wagen vorfährt. Janosch schaut aus dem Fenster. Es steigen zwei uniformierte Männer aus, offensichtlich Wachleute, sie gehen zum Eingangsbereich, kontrollieren. Einer geht ums Haus, kommt aber bald zurück und hat offensichtlich nicht bemerkt, dass ein Besucher schon mal im Haus ist, ein ungebetener Gast aus dem Osten.

Janosch ist müde, wie jeden Abend, die Beine schmerzen, die Füße brennen, er sehnt sich nach seiner Iso-Matte. Ehe er sie ausbreitet, lauscht er noch mal ins Gebäude hinein, es ist nichts zu hören, kein Pieps. „Ich scheine alleine zu sein", sein Herzschlag wird ruhig, und er beginnt sich auf einen behüteten Schlaf zu freuen.

Irgendwo, weit entfernt, vernimmt er etwas, wie ein leichtes Huschen, Rascheln, vielleicht ein Tier? Er lauscht weiter, es wiederholt sich nicht. Er nimmt sich kaum Zeit, um sein Nachtlager herzurichten, er ist es gewöhnt, mit wenig Fürsorge auszukommen. Draußen knallen Autotüren zu, der Wagen mit den beiden Wachleuten verlässt den Hof und so ist Janosch schon sehr bald in seinem ersten Traum unterwegs. Kein langes Grübeln mehr, keine Bilder vom Heuboden, ob das Laufen hilft?

Er träumt, er sei ein Kind, auf dem Dorf, in seinem Dorf, das Dorf seiner Eltern und Großeltern. Er ist froh und glücklich, er spielt mit anderen Kindern, sie werfen gemeinsam Steine ins Wasser von einem Steg und sehen zu, wie hoch das Wasser spritzt, dann läuft er allein zum kleinen Fluss, steht oben auf der Brücke, das Wasser fließt unter ihm hindurch, er spuckt ins Wasser, er sieht viele kleine Fische, dann einen großen Fisch, einen sehr großen Fisch, das Wasser ist klar.

Über Janosch wandern die Wolken, sie spiegeln sich im Wasser, eine ist besonders schwer und schwarz. Sie legt sich plötzlich auf seinen Atem, nimmt ihm die Luft.

Verwirrt wacht er auf, er braucht einen Moment, bis er wieder weiß, wo er ist, dann fällt ihm seine Frau ein und sofort fühlt er einen heftigen Schlag in der Magengegend. Er stöhnt auf, dreht sich auf die andere Seite und will schon weiterschlafen, als er etwas riecht. Es riecht verraucht, nach viel Rauch, und der Geruch wird stärker, der Rauch nimmt zu.

Sein provisorischer Schlafraum füllt sich mit dieser qualmigen Luft, sie erschwert sein Atmen, seine Augen beginnen zu tränen. Janosch wirft schnell seinen Schlafsack zur Seite, hastig streift er seine Hosen über. Draußen flackert Licht, unruhig, beängstigend leise, es brennt!

Dann hört er es vor seinem Zimmer im Flur krachen und splittern, die Hitze erreicht ihn. Janosch stürzt zum Fenster, draußen ist es noch dunkel, zwei, drei Uhr schätzt er, und das Haus brennt, im anderen Trakt schon lichterloh, jederzeit kann das Feuer bei ihm sein.

Die Gedanken wirbeln wie wild, stürmen in ihm umher … Alarm, sein Körper schaltet auf Notbetrieb … Ruhe bewahren … er will das Fenster öffnen, es ist verschlossen. Er schaut sich im Zimmer um, er sieht einen Stuhl, der in der Ecke steht, greift ihn, hebt ihn hoch, holt weit aus und schlägt ihn genau in die Mitte der Scheibe, die unter der Wucht des Aufpralls zerspringt. Geschafft!

„Bloß raus hier!“, schreit es in ihm.

In panischer Eile kramt er seine wenigen Sachen zusammen, Rucksack, Jacke, Handy, Schlüssel, Papiere, er läuft zum Fenster, entfernt die Reste der zersplitterten Scheibe und nimmt seine aufgedrehte Matte, wirft sie über den Rahmen nach draußen und schwingt sich aus dem Fenster, dort schaut er nach rechts und nach links, niemand zu sehen. Aber von irgendwoher dringen laute Stimmen an sein Ohr, Stimmengewirr, keine Hilferufe, eher Lachen, Gelächter, Klatschen, Gegröle, Applaus, hört er Hohn?

Ein paar Schemen, offensichtlich mehrere junge Männer, laufen hin und her, scheinen zu feiern, werfen die Arme hoch. Er sieht in den Händen Bierflaschen, die ganze Szene ist gespenstisch beleuchtet vom Flackern des sich schnell ausbreitenden Feuers.

Janosch dreht sich um und läuft los, so schnell er kann nach hinten, dort versprechen Büsche Schutz, dort scheint eine Grünanlage zu sein, dort wird er sich verstecken können. Und dann nichts wie weg hier. Besorgt fragt er sich: „Alles dabei? Es ging alles so schnell!“ Er tastet in seine Brusttasche. Ja, seine Brieftasche ist da, seine Papiere, seine Legitimation. Aber wo ist die ärztliche Bestätigung, der dicke Brief?

Er ist sich sicher, er hatte sie wie immer unter die Schlafmatte gesteckt. „Przeklety cholerny“, er hält einen Moment inne, überlegt, läuft dann aber weiter. Zum Umkehren ist es zu spät. Und schon ertönen, sich schnell nähernd, nicht mehr weit entfernt vom Tatort, akustische Signale, Martinshörner, zwei, dann drei, dann vier, eine ganze Reihe Feuerwehrwagen werden sichtbar, in anderer Tonart als in Polen … la lü lala …

Hinter ihm entwickelt sich starker Rauch, hin und wieder sieht er auch züngelnde Flammen, beim Hinauslaufen bemerkt er aus dem Augenwinkel einen dunklen Geländewagen, nein, es sind zwei. Sie überqueren den leeren Parkplatz mit quietschenden Reifen, geben Vollgas. Scheinwerfer strahlen ihn für den Bruchteil einer Sekunde an, bei der Ausfahrt stoppt zunächst der erste Wagen kurz, dann folgt ihm der zweite, auch dieser macht jetzt seine Scheinwerfer an. Janosch duckt sich blitzschnell hinter einer niedrigen Begrenzungsmauer, intuitiv ahnt er die große Gefahr, die darin stecken könnte, gesehen zu werden.

Dann sieht er die Autos, wie sie in der Dunkelheit hinter der nächsten Kurve verschwinden.

Er atmet tief durch.

Der gespenstische Spuk scheint vorbei, und auf dem Parkplatz kehrt einen Moment wieder Ruhe ein, bis die Feuerwehrwagen ihr Ziel erreichen, während aus dem brennenden Gebäudekomplex dicker Rauch aufsteigt.

Janosch muss an seinen Schwiegervater Pavel denken und lächelt. Der hat ihm erzählt, er habe als Partisan den Zweiten Weltkrieg nur durch schnelles Wegducken überlebt.

Janosch setzt sich auf die Mauer, es schüttelt ihn und er kann es einfach nicht glauben: Die Autos haben ihm bei ihrer Flucht im Vorbeirasen noch ihre Nummernschilder offenbart. Es ist kein Problem für ihn, sich die Buchstabenfolge und Nummernkombination zu merken, und er reibt sich kurz die Augen, weil er es zunächst kaum fassen kann. Beide Wagen hatten dasselbe Kennzeichen: BI SS 3300.

„Los, Janosch, weg hier, auf nach Kevelaer, weg mit deiner seelischen Last. Was hier geschieht, geht mich nichts an, ist nicht meine Sache. Ich bin nur Zaungast, hieran trage ich keine Schuld, ich muss meine Schuld allein tragen, meinen Schmerz!

Dies Unglück muss hier bleiben! Und diese Nacht werde ich viele Kilometer fressen, bloß weg von diesem Unheil hier“, denkt er grimmig. „Es wird langsam Zeit, dass ich Land gewinne und meinen inneren Frieden wiederfinde. Der Krieg in mir, den muss ich beenden, den brauche ich nicht mehr, diese Welt hier draußen ist ganz anders gefährlich, mir genügt die eigene Gefahr!“

Trotz der Gefahr, der er gerade entronnen ist, oder gerade wegen ihr, spürt er eine neue Kraft in sich, ein wenig von „Leck mich ... ich werde das Ding schon schaukeln!“ Lebensmut zu bekommen, ist wirklich nur in Auseinandersetzung mit der Welt möglich. „Danke, Doktor Pawlowski, ich danke Ihnen für Ihre kluge Idee!“

Und Janosch geht entschlossen weiter, die Ausläufer der Stadt allmählich hinter sich lassend, wie eine Altlast. „Es ist wie jeden Tag: Wenn ich mich erstmal auf die Socken mache, dann kann ich die Last verringern. Er denkt an seine Frau und an das, was passiert ist. Hätte ich es verhindern können? Nein, gewiss nicht, sie war wahrscheinlich unglücklich, konnte das Neugeborene nicht so richtig annehmen, aber allein deshalb bringt man sich doch nicht um, das tut doch keine Mutter, oder?“

Er denkt daran, was Doktor Pawlowski ihm noch erzählt hat: „Lieber Janosch, die Forschung ist der Frage nachgegangen, ob es Ängste gibt, die alle Menschen haben, und hat herausgefunden, dass es weltweit zwei Ängste gibt, die schwangere Frauen haben, zum ersten die, ob sie ihr Neugeborenes werden ernähren können, und zweitens, ob sie es lieben können.“

Siebzehn

Annette Sasse und Johanningmeier sitzen beim zweiten Frühstück in der Kantine des Polizeipräsidiums. Sie lesen zusammen die *Neue Westfälische* und genehmigen sich dazu leckere Butterhörnchen der Konditorei Pörschke, Ecke Weststraße/Stapenhorststraße, die Annette auf ihrem Weg zur Arbeit dort löblicherweise erstanden hat. Keine Massenware, sondern individuelle Gaumenklasse, aus „eigenem Hause“ mit 150 Jahren Backtradition, so in etwa lautet die Werbung der Konditorei.

Annette hat gerade den Teil der Zeitung, in dem die große Politik zur Sprache kommt, vor der Nase und stöhnt zwischendrin genervt auf, wenn sie etwas liest, womit sie nun politisch partout nicht einverstanden ist.

Als ihr der Frust über das Elend der Welt zu groß wird, dreht sie die Zeitung enfach um und beginnt auf der Seite „Aus aller Welt“ Klatsch- und Tratschgeschichten über Prominente zu lesen. Eine gewisse Claudia S. (42) habe sich zwar von ihrem langjährigen Freund getrennt, aber im Guten, um das gemeinsame Kind (10) würden sich beide herzzerreißend kümmern. Die Rubriken dieses Zeitungsteils versammeln sozusagen öffentliches Strandgut,

Gedankengut, das „heile, heile Segen“ verkündet. Erträglich wird diese Seite für den Leser nur dadurch, dass, klug eingestreut, blutrünstige Attacken von weißen Haifischen an der australischen Westküste herausposaunt werden nach dem Motto: „Bein ab, der Tod kam aus der Tiefe.“

Johanningmeier ist, da sind die beiden ganz klassisch in ihrer Paaraufteilung bei der Lektüre der Tageszeitung, währenddessen ganz sportlich unterwegs und er studiert, wie sich die Tabellensituationen nach den Fußballergebnissen vom letzten Wochenende entwickelt haben, und zwar von den Kreisligen aus nach oben gelesen, bis er zu Arminias zweiter Mannschaft gelangt, die aktueller Spitzenreiter der Oberliga Nord ist.

„Wie hat eigentlich VFL Wellensiek gespielt?“, fragt Annette Sasse.

„Verloren!“

Als nun auch er genügend gestöhnt hat, wechselt er zum Lokalteil und stößt dort auf der ersten Seite auf das Foto.

Spontan ruft er: „Annette, die da kenne ich!“

„Wie bitte?“

„Die Augen!“

„Ich verstehe kein Wort oder doch, du mein Held, du kennst da eine Person mit einem Augenpaar?“

„Bingo! Ich war gestern in der Kunsthalle, da saßen mir ein paar Leute gegenüber, offensichtlich waren das Presseleute, zusammen mit dieser Frau an einem Tisch. Das kann doch kein Zufall sein ... und heute steht ein Artikel in der Zeitung mit ihrem Bild, hier, guck doch mal! Ehrlich, solche Augen habe ich zuvor noch nicht gesehen, sie sind wie Augen von einem anderen Stern.“

„Überirdisch?“ Annette lacht.

„Ja, nein, schöne, kluge Augen, aber ich meine vor allem den Ausdruck, den habe ich gestern auch gesehen, ja, es sind Augen einer fremden Schönheit, aber es liegt auch ein besonderer Ausdruck darin, Augen, wie von jemandem, der sich auf der Flucht befindet und aufmerksam um sich sieht, wie ein Reh, ja, wie von einem Fluchttier. Diese Augen könnten sie vielleicht retten, habe ich gedacht, sollte sie einmal in akute Gefahr geraten und schnell abhauen müssen ..."

„Du hast einen Instinkt gesehen?"

„Ja, so etwas wie den Fluchtinstinkt!"

„Hm, klingt für mich, ehrlich gesagt, etwas rätselhaft, aber lies doch mal vor, was in dem Artikel steht, was sich dahinter verbergen könnte."

Annette beugt sich gespannt nach vorne. Sie ist selbst von sich ein wenig überrascht, dass ein schlichter Zeitungsartikel so viel Neugier mit sich bringen kann, aber wenn er so interessiert vorgestellt wird, wie ihr Freund das gerade getan hat, dann will sie auch wissen, was dahinter steckt. Neben dem Foto der jungen Frau ist ein kleineres Foto, auf dem ein Junge in einem Rollstuhl zu sehen ist.

„Neue Niere für den Bruder?"

(Bielefeld) Neyla K., die fließend Deutsch spricht, ist seit drei Wochen in Bielefeld. Die 23-jährige Frau lebt bei einer Gastfamilie, die sie eingeladen hat, um die Möglichkeit zu prüfen, ob ihrem Bruder in Deutschland medizinisch geholfen werden kann.

Auf die Frage, wie sie nach Bielefeld gekommen ist, gibt sie Einblick in ihren bisherigen Lebensweg. „Es hat ganz viel mit Bielefeld zu tun. Mein Deutschlehrer an der Deutschen Schule in Lagos, die ich mit dem deutschen Abitur auch abgeschlossen habe, hat uns Kindern viel von seiner Heimat erzählt, sodass ich schon damals den Wunsch hatte, dieses Land zu besuchen."

Sie erzählt unserer Zeitung, ihr Vater sei bei einem Attentat der Boko Haram ums Leben gekommen. Er sei bei einer systemkritischen Zeitung in Lagos angestellt und den Rebellen wohl ein Dorn im Auge gewesen.

Bei der Ermordung ihres Vaters vor zwei Jahren habe sie selbst direkt neben ihm im Auto gesessen. Ihre Familie lebe seit dem Tod des Vaters von sehr wenig Geld, fast mittellos.

Neyla, die legal eingereist ist, sagt weiter: „Ich sehne mich nach

einem Leben in Sicherheit." Ihr behinderter Bruder sei ebenfalls Opfer der Boko Haram, denn er habe eine Polioerkrankung bekommen, nachdem unter dem Gesetz der Sharia die allgemeine Schluckimpfung abgeschafft worden war.
Neyla sagt gegenüber unserer Zeitung, dass sie große Angst um ihren Bruder habe, weil der im bestehenden Gesundheitssystem in Nigeria wahrscheinlich keine Möglichkeit zu einer guten Behandlung habe, da behinderte Menschen in weiten Teilen Afrikas immer noch als minderwertig angesehen und diskriminiert werden.
Um Neyla und ihrem Bruder Jacob zu helfen, wurde ein Spendenkonto eingerichtet, das man bei der *Neuen Westfälischen* erfragen kann.

An dieser Stelle muss Johanningmeier seine Lektüre notgedrungen unterbrechen, weil sein Diensthandy klingelt: „Nö, nö, nö", wiegelt er ab, „bei Brandstiftung sind wir nicht zuständig, aber ich kann Ihnen gerne die Durchwahl der entsprechenden Abteilung geben!"

Nun aber muss er hören: „Nix da, ihr seid gefragt, wir haben eine Leiche, männlich, Afrikaner, im Sandmeier Hof in Brake!"

„Okay, Kollege, ich habe verstanden, wir sind schon unterwegs!"

Das Hotel „Sandmeier Hof" wirkt im Morgenlicht auf den ersten Blick ganz unbeschadet und verschlafen. Aber die Asylanten, die heute dort einziehen sollten, werden auf längere Zeit hier keine winterfeste Bleibe finden, denn man kann an den schwarzen Spuren oberhalb der Fenster erkennen, innen hat es gebrannt.

Selbst das typische Bielefelder uselige Nieselwetter macht eine gnädige Pause, sodass die Kommissare ohne Schirmschutz das Gebäude betreten können.

Der Brandmeister führt Annette Sasse und Johanningmeier nach unten in den Keller und dort in einen kleinen Raum. Er weist auf den Boden und es stockt ihnen der Atem, denn vor ihren Füßen liegt die gekrümmte Gestalt eines Mannes, dessen angstvoll weit aufgerissene Augen tot und blind ins Leere starren.

Die Kommissare haben sich die Gummihandschuhe angezogen und treten näher an den Toten heran, über ihren Schuhen tragen sie die üblichen Schutzüberzüge. Der Polizeiarzt kniet neben der Leiche, er ist kurz vor den Kommissaren eingetroffen und erklärt, mit belegter Stimme, dass er als Todesursache Rauchvergiftung vermute. „Ein schrecklicher Tod“, sagt er. An der Tür erwartet sie auch Kommissar Berger von der Stadtteilpolizeiwache Ost, der Johanningmeier angerufen hatte.

Alle halten sich Tücher vors Gesicht, der Rauch hängt noch immer bedrohlich stark in dem kleinen Raum, alle husten, wobei sie sich abwechseln. „Nur Nichtraucher“, denkt Annette Sasse ein wenig amüsiert.

Der Rauch sei durch die Türritzen eingedrungen und habe sich drinnen verdichtet, und da der Raum fensterlos war, wurde er zu einer tödlichen Falle.

„Jemand muss die Tür von außen versperrt haben“, mutmaßt Kommissar Berger und informiert zusammen mit dem Brandmeister die Hauptkommissare über den derzeitigen Ermittlungsstand.

„Wir, die Feuerwehr, und kurz danach auch die zuständige Polizeiwache bekamen heute Morgen, genau gesagt um zwei nach zwei Uhr einen Alarm, dass das Gebäude brenne. Ein Nachbar hatte uns angerufen, wir waren schnell vor Ort, dann wurde gelöscht. Wir hatten lange keinen Zugang und haben erst heute Morgen das ganze Haus durchsuchen können, und dann haben wir den Toten hier gefunden.“

„Es gab wohl keine Befürchtungen, dass sich schon jemand im Haus befinden würde, der Bezug wäre im Laufe des Tages eingeleitet worden, so ab Mittag!“

„Wer wusste davon, dass Asylanten hier einziehen werden?“, fragt Annette Sasse.

„Alle, die Presse, die Verwaltung, die Anwohner, wir, die Polizei, war doch kein Geheimnis!“

„Wurde das Gebäude bewacht?“

„Ja, natürlich, es gab regelmäßige Kontrollen, stündlich, tags und nachts. Es gab aber auch keinerlei Hinweise, dass es eine akute Bedrohung hätte geben können. So etwas passiert doch auch nicht bei uns, denkt man, hier gibt es doch keinen braunen Sumpf, keinen Mopp, wir sind doch hier im bunten Bielefeld!" Kommissar Berger bemüht sich, sachlich zu bleiben, fühlt er sich doch ein wenig angeklagt.

„Passiert aber doch!", sagt Johanningmeier.

„Wer ist der Mann?" Annette Sasse deutet auf den am Boden liegenden Körper.

„Mustafa Kinte aus Nigeria, aus Lagos, er hat einen Ausweis bei sich. Er ist uns polizeilich bekannt, wir vermuten, dass er seine Finger im Drogengeschäft hatte, und er ist auch schon als Schläger auffällig geworden."

„Hier wollte er wohl, bevor die Kunden eintreffen, eine kleine Filiale eröffnen. Keine schlechte Geschäftslage, aber ... er war vergangene Nacht wohl zur falschen Zeit am falschen Ort, spätestens als die Bude brannte. Er kann also mit der Brandstiftung nichts zu tun haben!"

„Aber wer wusste davon, die Konkurrenz?"

„Könnte sein." Kollege Berger deutet auf eine große Plastiktüte, die neben dem Toten auf dem Boden liegt: „Allerlei Drogen, auch Proben, Tabletten und Happy Pillen ... er ist wohl ein Opfer seiner Gier geworden, wie man sieht. Die Geschäftseröffnung wäre heute gewesen, er war auf der Suche nach einem Lagerplatz für das Zeugs, ein sicheres Depot.

Wie ihr seht, hat das Opfer offensichtlich versucht einen Stein aus der Wand zu lösen, damit ein Tresor oder ein ähnliches Versteck eingelassen werden kann, später, vielleicht für ein einträgliches florierendes Geschäft an Ort und Stelle. Auf jeden Fall für den Mann auf dem Boden zu spät."

Berger fügt hinzu: „Er war nicht allein, jemand muss von außen die Tür versperrt, ihn eingeschlossen haben, bevor es brannte. Er muss bei der Geschäftseröffnung gestört worden sein, feine Party! Aber das ist noch nicht alles, wir haben noch mehr. Es könnte nämlich einen Zeugen geben, mindestens für den Brand, es war nämlich offensichtlich noch jemand im Haus, aber eventuell kein Partygast, wahrscheinlich nur ein ungebetener Zaungast. Er war so freundlich, uns eine Visitenkarte zu hinterlassen!" Berger blickt zufrieden in die Runde.

Die Kommissare Sasse und Johanningmeier nehmen sichtlich Witterung auf und lassen sich von Berger erzählen, welche Hinweise es für einen möglichen Zeugen gibt. Zurück im Präsidium ruft Johanningmeier den Psychologen Dr. Sauer an.

„Ich habe einen coolen Job für dich!"

„Erzähl, ich sterbe vor Neugier!"

Achtzehn

Am frühen Nachmittag desselben Tages sitzen Dr. Sauer, Annette Sasse und Johanningmeier im Präsidium zusammen. Sie haben das Telefon auf Raumschall gestellt, sodass alle Anwesenden bei einem Anruf das Gespräch mitverfolgen können.

Dr. Sauer schaut sich das weiße, etwas abgewetzte Schreiben aus Polen an, fasst sich ein Herz und ruft bei der angegebenen Telefonnummer an. Er ist fast ein wenig erschrocken, als sich die Klinik Krakau meldet und er sofort zu Dr. Piotr Pawlowski durchgestellt wird. Er stottert kurz, überwindet dann seine Unsicherheit und konzentriert sich auf das Gespräch.

„Dien Dobre, guten Tag, Herr Dr. Pawlowski?"

„Ja, das bin ich, guten Tag, Sie können weiter Deutsch mit mir sprechen. Mit wem habe ich das Vergnügen?"

„Prima, um so besser, das macht die Sache viel leichter, mein Name ist Sauer, Dr. Rainer Sauer, ich rufe Sie aus Deutschland an. Ich bin ein Berufskollege von Ihnen. Ich praktiziere als Psychotherapeut in Bielefeld, das ist eine Stadt, so ungefähr zwischen Hannover und Dortmund."

„Ich weiß, ich war einmal dort, das heißt nicht direkt, ich war in Bethel auf einer Fortbildung, ... ich glaube, es ging um Epilepsie, aber deshalb werden Sie mich wohl kaum anrufen, oder?"

„Nein, nein, wir, das heißt ich und meine Kollegen von der hiesigen Polizei, die Hauptkommissare Annette Sasse und Johanningmeier von der Mordkommission, untersuchen einen akuten und sehr dringenden Fall. Im Rahmen unserer Recherchen zu diesem Fall, einem Kapitalverbrechen, haben wir ein paar wichtige Fragen an Sie!"

„Ja, ich höre!"

„Es geht um einen Ihrer Patienten oder Bekannten. Sein Name ist Janosch Kowalski, er stammt wahrscheinlich aus Krakau, er muss bei Ihnen vielleicht als Patient gewesen sein, denn wir haben Ihr Schreiben an unserem Tatort gefunden."

„Sind Sie etwa auch von der Polizei?" Die Rückfrage – in tadellosem Deutsch – kommt wie aus der Pistole geschossen.

„Nein, nein, erstmal bin ich nur Berufskollege, wie gesagt, ich bin auch Psychologe. In diesem Fall, wie auch in anderen, arbeite ich manchmal mit der Polizei zusammen, wenn meine Hilfe benötigt wird. Und heute ist das so, die beiden Kommissare Sasse und Johanningmeier hören unser Gespräch mit, das wollte ich Ihnen vorab mitteilen!"

„So? Herr Kollege Sauer, Sie kennen doch sicher den Eid des Hippokrates, der strenge Regeln der Schweigepflicht gegenüber Patienten und der Arbeit mit ihnen beinhaltet, die gelten doch bei Ihnen auch, oder?"

„Ach so, ja, ja, die kenne ich natürlich, ich habe nur gehofft, gedacht, also im Sinne einer Amtshilfe … also gut, ich versuche es so zu machen, dass Sie mir zur fraglichen Person nur das Nötigste erzählen müssen, ansonsten müssen wir den Dienstweg gehen … aber, es tut mir leid, es sagen zu müssen, es ist große Gefahr im Verzug, ich versuche es auch kurz zu machen! Nur so viel zu Beginn unseres Gespräches, damit es klar ist, es geht um Leib und Leben. Wenn Sie es allerdings wünschen, bitte ich die Polizei den Raum zu verlassen."

„Gut, ich warte, aber Sie müssen sich nicht beeilen, ich werde mir die Zeit nehmen, die wir brauchen, bitte schildern Sie mir den ganzen Sachverhalt!"

„Prima, das beruhigt mich. Wir haben in einem Asylheim hier in Bielefeld ein Schreiben von Ihnen an Herrn Janosch Kowalski gefunden. Der Mann hat gestern Nacht offensichtlicht versucht in einem Heim zu übernachten, einen Tag bevor es am nächsten Tag von Asylsuchenden bezogen werden sollte."

„Wieso wollte, wieso sollte, ist Herr Kowalsky denn in Gefahr?" Dr. Pawlowski scheint jetzt noch interessierter als zuvor.

„Das Heim wurde angezündet und Herr Kowalsky ist verschwunden!" Sauer sagt das mit allem Nachdruck.

„Schrecklich, wurde jemand verletzt? Ist Herr Kowalsky verletzt? Ist er verdächtig? Hat er das Feuer gelegt?"

„Zur ersten Frage, ja, ein Feuerwehrmann wurde leicht verletzt, aber wir haben auch einen Toten. Und zum Zweiten: Herr Kowalsky hat sich wohl gerettet, aber er hat bei seiner wahrscheinlich überhasteten Flucht das Schreiben zurückgelassen, auf das ich mich beziehe. Möglicherweise ist er ein ganz wichtiger Zeuge in diesem Kapitalverbrechen! Wir können nicht ausschließen, dass er den oder die Täter gesehen hat oder uns wichtige Hinweise geben könnte und – das ist leider auch nicht auszuschließen – dass die ihn gesehen haben könnten, das heißt, er könnte in großer Gefahr sein."

„Ich verstehe!" Dr. Pawlowski ist ruhig und konzentriert.

„Wissen Sie, Herr Doktor, was Herr Kowalsky in Deutschland macht?" Johanningmeier schaltet sich ins Gespräch ein, aber nicht bevor er sich kurz vorgestellt hat.

Die Kommissare hören gespannt auf die Antwort, Dr. Pawlowski aber lässt sich Zeit.

„Ja, aber ich weiß nicht, ob ich Ihnen das sagen will, das, was ich über Ihren Zeugen weiß, das gehört zur Schweigepflicht ... lassen Sie mich kurz nachdenken ... also gut, dies scheint mir ein Ausnahmefall zu sein, ich denke, ich sollte Ihnen einige Hinweise geben dürfen, da Gefahr im Verzug ist. Ich denke, ich kann, ja, ich muss Ihnen vertrauen. Ich brauche aber eine schriftliche Notiz, ein Fax von Ihnen, das belegt, dass akute Gefahr für Herrn Kowalsky besteht und Sie legitimiert sind, mich zu kontaktieren, am besten vom Staatsanwalt … mein Patient geht, er sucht Erlösung, er leidet an einer akuten seelischen Erkrankung, einer Depression."

„Vielleicht können Sie uns sagen, wohin Herr Kowalsky unterwegs ist. Wir müssen ihn schnell finden, bevor ihn andere finden, also möglichst noch heute."

„Ich hoffe, er geht zu seinen Glückshormonen!", sagt Dr. Pawlowski.

„Zu was, zu wem?" Johanningmeier ist konsterniert.

Dr. Pawlowski erklärt: „Mein Patient befindet sich auf einer Pilgerreise, er ist unterwegs zu einem Wallfahrtsort in Deutschland."

„Wie, zu Fuß, wohin?"

„Genau, per pedes. Bewegen bringt Segen!"

„Mal im Ernst, Herr Kollege, einen Wallfahrtsort, gibt es so was bei uns?" Dr. Sauer ist einen Moment ratlos.

„Sie machen aber Witze, Herr Kollege, das müssen Sie doch wissen. Was machen Sie denn, wenn Sie Gottes Beistand und Vergebung bei großer Schuld suchen?"

„Ich bin nur evangelisch und dazu noch Rollstuhlfahrer, ob man so etwas heilen kann?"

„Ach so, dann käme bei Ihnen eventuell eine Wunderheilung in Lourdes infrage!"

Beide lachen erleichtert auf. „So etwa", denkt Dr. Sauer, „so etwa könnte sich der Anfang einer Freundschaft anfühlen."

„Ich habe dem Suchenden unter anderem auch zwei Orte in Deutschland genannt: Altötting in Bayern und Kevelaer am Niederrhein!" Annette Sasse, eine von Hause aus katholische Beamtin, kennt sich mit den katholischen Örtlichkeiten aus.

„Kevelaer wäre die nähere Wallfahrtsstätte. Der Ort liegt noch hinter Duisburg über den Rhein hinüber, gut 300 Kilometer von Bethel entfernt. Es handelt sich um eine mittelalterliche Pilgerstätte." Annette schaut zufrieden in die Runde und grinst schelmisch.

„Was du alles weißt, meine Anerkennung!", freut sich Johanningmeier.

„Dr. Pawlowski, für heute erstmal vielen Dank. Das, was Sie sagen konnten, hilft uns schon weiter und es tut mir leid, wenn ich Sie in einen Konflikt mit Ihrer Standesordnung gebracht habe, ich faxe Ihnen gleich die Bestätigung von oben gen Osten."

„Gut, machen Sie das, ich warte. Herr Kowalsky geht bestimmt weiter, er will ja gesund werden, sobald er mich anruft ... das kann schon bald sein, erzähle ich ihm von Ihrem Wunsch!"

„Und, Dr. Pawlowski, wie geht es Ihnen jetzt am Ende unseres Anrufs?" Dr. Sauer versucht sein Kontaktbedürfnis zu stillen, erntet aber nur ein knappes: „Das alte Elend, stara bieda!"

„Okay, dann, alles Gute und Tschenkuje, vielen Dank ... sobald wir etwas hören, melden wir uns, für heute haben wir mehr erreicht, als erhofft, wir bleiben in Kontakt ... Dowidzenia!"

„Auf Wiederhören, aber wie ist das Wetter bei Ihnen?"

„Es nieselt!"

„Hier auch, so ist das mit der EU!"

Nach dem Gespräch ist Dr. Sauer beeindruckt und wendet sich an die beiden Kommissare: „He Mann, das ist ja ein Ding, Lauftherapie, Jogging, Nordic Walking, alles klar, aber verbunden mit der Idee der Schulderlösung, genial, da kombiniert man die polnische katholische Seele mit modernen Erkenntnissen der Lauftherapie ..."

Die Kommissare schauen sich an, sie sind nicht so sehr von dem therapeutischen Vorgehen, sondern von der sich bietenden neuen Chance angetan, bald einen wichtigen Zeugen befragen zu können, was ihre Ermittlungen ein gutes Stückchen weiter bringen könnte.

„Wann aber werden wir wieder was von Herrn Kowalski hören? Wenn ich mir die Landkarte genau vergegenwärtige, dann denke ich, er müsste mindestens noch eine Woche unterwegs sein. Und ich frage mich, könnte es dann nicht zu spät sein?"

Sie verabschieden sich bald voneinander, jeder geht an sein Werk, die einen ans Suchen und Finden, der andere ans Helfen und Heilen.

Johanningmeier blickt sich etwas verloren im Büro um. Er denkt darüber nach, wie schwer es doch für ihn ist, das Warten zu ertragen. „Obwohl ich doch schon so viele Dienstjahre auf dem Buckel habe. Das ist doch ähnlich wie in meinem Garten. Auch da muss ich ertragen, dass sich die Pflanzen entwickeln und ich das Wachstum nicht beschleunigen kann."

Als er mit Annette darüber spricht, teilt sie seine Meinung, und, wie sich so oft bewahrheitet, geteiltes Leid ist halbes Leid. Sie sagt: „Mein Lieber, ich kann auch schlecht warten, aber manchmal passieren ja wundersame Sachen. Wenn ich an Stelle dieses jungen Polen wäre, würde ich mich beeilen, von Bielefeld so schnell wie möglich zu dem Ziel meiner Pilgerreise zu gelangen."

Neunzehn

Annette Sasse sitzt eine halbe Stunde später in ihrem Büro über der Formulierung eines Protokolls über die noch sehr verworrenen Ereignisse im Asylheim.

Anders als den meisten ihrer Kollegen, die diese innendienstliche Aufgabe nicht mögen, gefällt ihr diese „trockene" Arbeit, und so manche ihrer gekonnten Formulierungen machen ihr regelrecht Freude, auch und vielleicht besonders deshalb, weil bei Protokollen „nüchternes" Beamtendeutsch gefragt ist. Für Annette ist Deutsch eben Deutsch, ob amtlich oder literarisch, sie ist die Sprache der Dichter und Denker, da kann man schon mal in Versuchung geraten, ein wenig mit der Wortwahl zu spielen.

Als sie das Protokoll fertig hat, schickt sie es als E-Mail-Anhang hausintern an die Chefin und erhält wenig später eine schriftliche Antwort.

„Liebe Frau Sasse, ich erlaube mir heute einmal Ihnen eine spontane Rückmeldung zu Ihrer E-Mail zu geben. Ihre Protokolle haben für mich immer auch den Charakter eines lyrischen Beitrags zum Feuilleton, ein journalistisch aufbereiteter Kulturbeitrag."

Annette Sasse fühlt sich wie zwischen Stamm und Borke und fragt Johanningmeier, als sie sich am Abend bei ihr zu Hause treffen: „Und, was soll ich mit dieser Rückmeldung von oben machen?"

„Ernst nehmen, Annette, ganz ernst nehmen, denn was haben wir bei unserer letzten internen Fortbildung in Sachen Selbsterfahrung in der Gruppe gelernt? Man muss mit kompetenten Feedbacks konstruktiv umgehen. Sagt jemand zu dir ganz nett, Bulle, dann sagst du, nee, Kuh, Sie Rindvieh! Also, du kündigst dein Dienstverhältnis, nutzt diese fachliche Rückmeldung für eine neue Karriere und gehst zur Zeitung ins Feuilleton oder, noch besser, du wirst gleich eine berühmte Schriftstellerin, stürmst die literarischen Charts und wir beide gehen, Hand in Hand, in Frühpension!"

Das Sofakissen trifft ihn punktgenau, aber trotzdem weich, und dann beginnen die beiden unter Lachen und Schreien eine heftige Kissenschlacht, die weder Schonung noch Gnade kennt und beiden die Möglichkeit gibt, ihren aufgestauten Emotionen Raum zu geben, bis beide völlig erschöpft kapitulieren.

„Es würde manche Ehe retten, wenn sich Paare erlauben würden, handgreiflich im spielerischen Sinn zu werden", meint Dr. Sauer, mit dem sie später am Abend in der Kneipe Moccaklatsch beim Glas Wein sitzen. Weißwein: Silvaner.

„Aber was ist das nur für eine kluge Therapie von diesem polnischen Doktor, alle Achtung? Habt Ihr seinen Patienten schon? Aber diese Therapie, Adrenalinauf- und abbau, wie bei eurer Kissenschlacht, man fordert sich heraus, die gleichförmige Bewegung reduziert das Grübeln, die Angst, man läuft sich frei und dann kommt das Gebet!"

„Was machst du eigentlich zum Abbau, als Rolli, wenn du nur festsitzt?", fragt Annette Sasse.

„Ich mache Gehirnjogging, ich schreibe meine Memoiren, aber ich könnte ja auch beten lernen." Dr. Sauer nickt zufrieden, als seine Freunde lachen, sagt dann aber ernst, dass es ihm doch manchmal schwerfiele, abends abzuschalten, ohne einen Bewegungsausgleich zu haben. „Mir fehlt da doch etwas. Wo andere die Turnschuhe auspacken, kann ich es nur mit aktiver Muskelentspannung versuchen. Oder ob mir ein Glaube helfen könnte?" Er fühle sich dann innerlich unruhig, würde am liebsten einen Schnaps trinken, wisse aber auch, dass sowas schnell süchtig mache, und Rollstuhlfahrer zu sein, bringe genug Unbill mit sich, da würde ihm eine Trunksucht nicht helfen, sie zu ertragen.

„Ach, du armer Lahmer und dann noch Atheist", grinst Johanningmeier, hebt sein Glas, und Annette Sasse streichelt ihrem Dokterchen über den Scheitel seines prächtigen weißen Haarschmucks.

„Es ist nie zu spät umzukehren", meint Dr. Sauer und beschließt manchmal in die Kapelle vom Klösterchen zu gehen, wenn er mal einen Schlag beten will. Ganz überrascht wird Sauers Ungläubigkeit durch eine Zeitungsnotiz am nächsten Tag.

Er wundert sich bei der Morgenlektüre über eine kurze Notiz der Lokalredaktion. Auf Seite drei wird berichtet, dass die Telefone der Zeitung seit dem Artikel über Neyla K. nicht stillgestanden haben. So viele Anrufer erkundigten sich nach einer Kontonummer, dass sich die Redaktion spontan dazu entschlossen hat, unter dem Stichwort „Jacob soll leben" Gelder für die Behandlung des Jungen in Bielefeld zur Verfügung zu stellen. Der von der Zeitung befragte Oberarzt im Klösterchen gab darüber hinaus bekannt, dass seine Klinik entsprechende Hilfestellung anbieten könne.

Zwanzig

Um diese Jahreszeit Anfang November ist es um neunzehn Uhr schon mächtig dunkel. Neyla geht trotzdem mit entschlossenen Schritten zügig aus dem Gebäude des IBZ hinaus, über den großen

Parkplatz eines Supermarkts in Richtung ihres neuen Zuhauses. Diese Dunkelheit hier ist lange nicht so dunkel wie in Afrika, dort kann man nicht einmal die Hand vor Augen sehen, so eine nigerianische Finsternis ist wie ein Tunnel, in dem man sich befindet.

Neyla ist zufrieden, weil sie so gute Gespräche mit zwei nigerianischen Frauen geführt hat.

Niemals zuvor hätte sie gedacht, dass sich ihre Deutschkenntnisse einmal so sehr auszahlen würden. Sie helfen ihr einerseits, sich in der neuen Umgebung sicher zu bewegen, und sie ist andererseits unruhig, denn bei all dem Erfolg, den sie hat, fehlt ihr noch immer eine Lösung für Jacob: „Und dabei habe ich doch versprochen, für schnelle Hilfe zu sorgen! Nun bin ich schon so weit gekommen, kann die Freiheit riechen, schmecken, kann sie mit meinen Händen greifen, erlebe keine bedrohlichen Attacken mehr, fühle mich im Gegenteil sehr willkommen, und doch bleibt die Frage: Was kann ich dazu beitragen, dass Jacob die notwendige medizinische Hilfe so schnell wie möglich bekommt?"

Der Parkplatz vor dem Markt ist von hohen Bäumen umstellt, in den Zweigen singt der Wind. Überhaupt, wie grün hier alles ist, und bei Dunkelheit entfalten sich die Bäume wie schützende Hände über den Köpfen.
Vielleicht haben wir in Lagos diesen Schutz auch verloren, als die Wälder abgeholzt wurden, damals.

Neyla weiß, es gibt hier viel Arbeit. In der kurzen Zeit hat sie erfahren, dass es viele Möglichkeiten gibt zu arbeiten. Als Bedienung, als Putzhilfe, vielleicht auch im Krankenhaus. Deutsch zu können ist eine wichtige Voraussetzung. Aber sie weiß, es ist ihr verboten, ohne offizielle Erlaubnis zu arbeiten.

„Selbst wenn ich legal arbeiten würde, würde ich schwarzarbeiten", und sie muss dabei über die Formulierung lächeln. „Wenn ich erwischt werde, dann riskiere ich alles und man wird mich ausweisen." Ihr fröstelt.

„Ich muss darüber mit den Weidners sprechen, die verstehen meine Situation!"

Die Zeit eilt, mehr noch, sie scheint zu verrinnen. Immer, wenn sie sich telefonisch erreichen, ist Jacob so gelassen, so ganz ohne Angst um sich selbst, sondern nur in Angst um sie, als ob sie und nicht er schwer erkrankt wäre.

„Neyla, wie geht es dir? Pass auf dich auf, es ist bestimmt kalt dort, du musst dich warm anziehen, versprich es mir ..."

Heute im IBZ hat sie länger mit Fatima gesprochen, einer Landsfrau aus dem Norden Nigerias, sie haben sich auf Anhieb gut verstanden. Neyla begreift noch mehr, wie privilegiert sie ist, eigenes Zimmer, Unterkunft und Verpflegung garantiert, sie spürt eine Woge der Dankbarkeit in sich aufsteigen.

Unter einer Laterne bleibt sie stehen.

Fatima hat ihr von den Umständen ihrer Flucht und der Ankunft hier berichtet. Es sei nachts sehr heiß in der Erstunterkunft für Flüchtlinge, dort, wo viele Feldbetten dicht an dicht stünden und man alles mitbekomme, was der Nachbar tut, aber ihr wurde Hilfe angekündigt. „Ich habe kein genaues Bild, was mir bevorsteht, aber, Neyla, was ich auf der Flucht alles erleben musste ... du wirst es nicht glauben!" Und die Wucht der Erinnerungen lässt Fatima weinen.

„Komm, meine Schwester", sagt Neyla und umarmt sie, „ich bin morgen wieder hier!"

Schon in ein paar Tagen soll es weitergehen, endlich raus aus dem Sammellager, in ein richtiges Haus mit sauberen Klos, hier sei es stickig und stinkig. Gestern habe sich ein Paar neben ihr geliebt. Es war für Fatima ein Zeichen nach dem Motto: „Das Leben geht weiter, wir leben noch, und wie!"

Die von der Presse sprachen gestern von einem Hotel. „Zu viel der Ehre", schmunzelt Neyla.

„Willkommenskultur", dieses Wort kannte sie noch nicht, obwohl sie gut Deutsch spricht, dieses Wort tauchte im Interview immer wieder auf. Sie hat sich fremd gefühlt, dort in diesem Edelkaffee, mit gesalzenen Preisen, niemals hätte sie ihr Getränk und den leckeren Kuchen selbst bezahlen können. Ein seltsames Land, dieses Deutschland. „Kann ich hier glücklich werden?"

Sie denkt wieder an ihren kleinen Bruder Jacob. Was deutlich ist, sie fühlt sich in diesem Land sicher. Dieses Gefühl hat sie schnell empfunden, aber ob man hier auch anders sein darf? Andersfarbig, behindert, anders denkend, vielleicht auch anders fühlend?

Sie muss an einen alten amerikanischen Film denken, den sie einmal in Lagos gesehen hat, einen Film über junge Puertorikaner in New York. In dem Film ging es darum, dass die weißen Amerikaner und die andersfarbigen sich bekriegten, wenn sie sozial keine lebenswerte Zukunft vor sich hatten, also weniger Chancen auf einen Job.

Sie erinnert sich, es war ein Musical, mit vielen schönen Melodien, richtig, so war es. „I want to be in America ...!" Sie summt die Melodie vor sich her. Ein richtiger Ohrwurm!

„Was wird mir hier wohl für eine Zukunft gegeben? Und was davon habe ich selbst in der Hand?" Neyla tut der Kopf so weh. Sind das die schweren Gedanken?

Fatima hat erzählt, sie fühle sich in der Unterkunft allein, obwohl viele Menschen mit ihr zusammenwohnten. „Hausen" sei der bessere Begriff, aber immer noch besser, als vor einigen Wochen im Bauch des großen Bootes, einem Küstenschoner, gebaut nur für den kleinen Fährbetrieb entlang der Küste von Libyen.

Jacob hat Kinderlähmung, im Dorf sagt man, er sei besessen, besessen vom Bösen Geist. Behinderte Menschen seien vom Teufel besessen, so einen könne und dürfe man nicht retten, der müsse möglichst früh sterben, so sagt der Volksmund auf dem Land in Nigeria, und Neyla hat leider erfahren müssen, dass es auch in der Großstadt nicht viel besser ist. „Ich muss ihn retten und ihm ein würdiges Leben ermöglichen, er ist doch so klug und so sehr am Leben interessiert!"

Neyla tastet in ihrer Hosentasche nach dem Bild. Ein Jungengesicht lacht ihr entgegen. Sie war immer froh, wenn er lachte. Er, der immer von allen verhöhnt wurde, nach dem sie Steine warfen, wenn er sich in seinem kleinen unhandlichen Rollstuhl entlang der Dorfstraße bewegte, langsam, viel zu langsam, um nicht getroffen zu werden. Sie warf sich zwischen ihn und die gnadenlosen Kinder, die ihren Spaß daran hatten, Jacob zu quälen.

Von Kindesbeinen an hat sie sich, die ältere Schwester, um ihren Bruder gekümmert, sie hat für ihn heimlich Nahrung aufgehoben, am eigenen Mund abgespart und gehungert. Ihre beste Nahrung war sein Lachen.

Behinderte Kinder lässt man sterben, ein Recht auf Leben und Glück haben sie verspielt, als sie erkrankten, als der böse Geist, der Dschinn sie berührt hat. „Wie dünn deine Beinchen sind, mein Jacob!“, denkt sie, als sie das Bild betrachtet. Vom vielen Streicheln ist das Bild an den Beinen, die auf den Fußbrettern des Rollstuhls stehen, abgewetzt.

Sie denkt daran, wie viel Freude und Leid sie mit ihrem Bruder teilen konnte. Manchmal, wenn niemand in ihrer Nähe war, dann stellte sie sich an den Anfang der kleinen steilen Straße, die zum Fluss führte, auf die Trittbretter hinten am Rollstuhl und die beiden sausten den Berg hinunter und mit einem kühnen Schwung ins kühlende Nass, was für ein Spaß war das. Wenn Neyla ausnahmsweise einmal in der Schule nicht zurechtkam und weinte, dann kam Jacob zu ihr und stillte ihren tiefen Kummer.

Menschen, die aus der Ferne kommen, müssen sich das Vertrauen in die neue Welt, ohne Schutz und Deckung, erarbeiten, sind sie doch tagtäglich von Abschiebung, Ausgrenzung und Ungnade bedroht.

Von hier aus kann man leise Fahrgeräusche der Autos auf der Detmolder Straße hören, es ist Südwind. Wie still es ist! Bei ihr zu Hause war es nie so still. Lagos ist ein Tier, das nie zu schlafen scheint!

Als sie zwischen zwei Glascontainern hindurch zur Teutoburger Straße gehen will, hat sie das vage Gefühl von Bedrohung. Es knackt, anscheinend ist jemand in ihrer Nähe auf eine Glasscherbe getreten. Neyla bleibt stehen, schaut sich um, starrt in die Dunkelheit und beschleunigt ihren Schritt. Nun ist sie auf der Hut.

Ich bin hier nicht allein! Sie möchte schreien, laut rufen, alle Körpersignale schalten auf Achtung, Alarm, sie will wegrennen, aber dazu ist es zu spät.

Ihre letzte Empfindung ist das Gefühl eines feuchten Lappens auf ihrem Gesicht, ehe sie ohnmächtig zu Boden sinkt.

Einundzwanzig

Der Schatten, in Gestalt eines großen Mannes, ist neben Neyla aus der Deckung des Containers hervorgeschossen und hat seinem Opfer ein Tuch mit Betäubungsmittel vors Gesicht gepresst. Eine Sekunde später gesellt sich ein zweiter Mann, wesentlich kleiner und schmaler als der erste, dazu. Er öffnet die Schiebetür eines Kombis.

Zusammen heben die beiden Männer ihre kostbare Beute sehr vorsichtig auf, handelt es sich doch hierbei um die Fleischwerdung ihrer Zukunft, um ihre Eintrittskarte zum Euroland.

Noch nie war es leichter an schnelles Geld zu kommen als jetzt, jetzt bietet sich diese Möglichkeit, diese einmalige Chance, auf dem Tablett serviert.

Fleisch gegen Knete.

„Verdammt gute Aussichten!“, sagt der Große mit Namen Kevin zu seinem Kumpel Jonas.

„Moment, Jonas, ich muss noch rasch was erledigen. Die Lady hat ihre Tasche auf den Boden fallen lassen, das ganze Zeugs liegt da noch verstreut umher, ich beeile mich!“

Kevin dreht sich um und kniet nieder, um alle möglichen Spuren zu verwischen, man weiß ja nie … Ach ja, Sauberkeit ist kein Problem für ihn, das hat er gelernt, sauber bleiben, nur das: Du musst nur sauber bleiben, der Rest läuft dann wie geschmiert.

Er räumt sorgfältig auf, penibel war er schon immer. Die wenigen Spuren sind schnell auf die Seite geschafft, er fegt den Boden, kehrt den Inhalt der Tasche zusammen und alles in einen Plastiksack. Er trägt diesen in sein Auto und packt die beim Hochheben zu Boden gefallenen Schuhe ihres Opfers dazu.

Der Plastiksack führt Kevin gedanklich zurück in die Tage seiner Kindheit. Er sieht seinem Vater zu, wie der die kleinen Katzen in einen solchen Sack packt und dazu ein paar Steine, Ziegelsteine. „Komm, Kevin, wir versenken die Viecher, die sind unnütz, denen schenken wir einen nassen Tod!“

Am Teich halten sie an, sein Vater nimmt den Sack vom Rücksitz, die Tiere miauen, aber das nützt ihnen nichts mehr, ihr Tod ist entschieden. Mit hohem Bogen wirft der Vater den Sack ins Wasser, noch ein paar Blasen sind zu sehen, eine leichte Welle plätschert ans Ufer, und dann ist Schweigen. Der Vater reibt sich zufrieden die Hände und Kevin verspürt eine Erleichterung, alles ging so einfach, man muss es nur tun, ohne zu zögern.

Kevin setzt sich ans Steuer, aber ehe sie losfahren, betrachten die Männer noch ihr Opfer. Die junge Frau schläft, süß sieht sie aus, wenn er sie so betrachtet, beschienen von den gelben Neonlampen, die den großen leeren Parkplatz vor dem Markt beleuchten.

Nach einer flotten Fahrt von einer halben Stunde tragen sie Neyla in ihr Gefängnis. „Vielleicht nicht so feudal“, denkt er, „schade für die Dame, aber Hauptsache ist, unsere Beute ist unbeschädigt, am Leben, wenn ich die Atmung richtig deute. Wäre auch, wenn nicht, sehr schade, die Dame wird uns nur lebendig etwas nützen!“

Vor einem Jahr konnte er einmal einen verbotenen Blick in seine Akte werfen, die sein Bewährungshelfer, diese Pflaume, offen auf dem Tisch im Büro hatte liegen lassen. So konnte er in aller Ruhe lesen, Schwarz auf Weiß, was er immer schon wusste: „Fischer, 38 Jahre alt, Vorname Kevin, neigt auf der Grundlage einer psychopathischen Persönlichkeitsstörung zu Gewalttaten. Er ist in der Vergangenheit mehrfach in Schlägereien verwickelt gewesen, zum Teil auch mit nicht unerheblichen Körperverletzungen.

In drei Fällen ist er vorbestraft, und er gilt als gemeingefährlich und ist politisch der rechten Gewaltszene in Löhne zuzurechnen. Er gilt als geltungssüchtig, uneinsichtig, hat nur ein geringes Einfühlungsvermögen in andere und ist sozial sehr wenig integrierbar. Zurzeit befindet er sich in der Bewährungshilfe auf freiem Fuß."

Kevin muss lachen, wenn er an die Gespräche mit seinem sogenannten „Bewährungshelfer", dem Betreuer vom Amt, denkt. Reines Gefasel. „Ist mir doch egal, was der so redet, es hat doch nie jemanden interessiert, was ich mache, bis auf meine Jungs, die spuren, auch als ich im Knast war. Die haben zu mir gehalten.

Von wegen rassistisch, die, die die ganzen Schwarzen jetzt hierherholen, um sie dann zur Sklavenarbeit zu pressen, die verdienen doch einen Orden für Dummheit und Faulheit, und unsererseits, wir müssen doch den Dreck wegmachen, Kakerlaken alle, wie sie da herumkriechen, Ungeziefer. Pa, nicht integrierbar, ich bin nicht integrierbar, so ein Unsinn, die anderen hatten doch auch immer nur die gleiche Idee. Haut se, haute se, immer auf die Schnauze!

Vor dem Stadion, im Stadion, Sport ist Mord, es ist die Arena, der Spielplatz, wo so was stattfindet. Wir sind die Ultras. Stolz erfüllt uns, wenn wir klatschen dürfen, einen klatschen, und wenn er auf dem Boden liegt, immer drauf. Deutschland den Deutschen! Was haben die hier auch zu suchen, die verderben doch nur das arische Blut, mit ihrem Rattengift in den Adern."

Kevin ist ein wahrer Hüne von Kerl, Gardemaß würden die Werber des Alten Fritz gesagt haben.

Das Haus, das er kürzlich extra für diesen Coup angemietet hat, steht am Stadtrand von Gütersloh, ein frei stehendes Gebäude am Rande eines Betriebshofs, der nie fertiggestellt wurde. Ein wenig einladendes Gelände, halb Schrottplatz, halb Parkzone für Lastwagen, die aus dem Osten kommen. Düsterland ohne einen Hauch von Schönheit. Hier möchte man nicht begraben sein.

„Obwohl", denkt er, „dann, wenn es endlich soweit ist, dann wird mir das auch piep egal sein, das ist sowieso hier der Anfang vom Ende.

Ich möchte nur eines wirklich wissen: Was ist mit denen, die herumtönen, die die frommen Sprüche von wegen Wert des Menschen machen. Was ist denen eine Schwarze wert? Was gibt es an Gegenwert für eine Sklavin? Mit gesunden Zähnen, drahtigem Körper und vielleicht besonderen Eigenschaften und Fähigkeiten, von denen wir nichts wissen, noch nicht? Das hätte ich doch gerne gewusst. Zählt nur der Skalp? Gibt es ein Kopfgeld? Oder lässt sich Mitgefühl der Bonzen ermessen?"

Wertes Leben, unwertes Leben, wie weit ist der Abstand zwischen den Wörtern? Ist es ein qualitativer Sprung oder nur ein Katzensprung, ein kleines, feines „Un"?

Als Neyla langsam wieder zu Bewusstsein kommt, fühlt sie, dass sie in Seitenlage auf einer Matratze liegt und dass ihr der Schädel brummt, als ob sie einen Boxkampf hinter sich hätte. „Es ist doch paradox, ich hatte hier das Gefühl von Sicherheit und jetzt, jetzt bin ich gefangen. Warum?"

Sie weint! Gibt es doch auch hier diese Macht der Raben? Und verlieren sie nicht ihre Macht, wenn wir sie auslachen?

Zweiundzwanzig

Janosch Kowalski ist todmüde und zufrieden, als er endlich sein Ziel, den Wallfahrtsort Kevelaer, erreicht hat. Auch wenn er ab Güterloh mit dem Zug zum Zielort gelangt ist und nicht die ganze Strecke zu Fuß, hat sich in ihm irgendetwas beruhigt. „Wo ist meine Depression?"

In dieser Stadt ist man offensichtlich auf seelisch und finanziell gebeutelte Pilger eingestellt, denn am Schwarzen Brett in der Stadtverwaltung findet er sofort eine preiswerte Unterkunft. Zu einer kurzen Besichtigung der heiligen Stätten findet er jedoch keine Kraft mehr, und als er in seiner Herberge das kleine Zimmer bezieht, entledigt er sich sofort aller Klamotten und stellt sich lange unter die Dusche. „Mens sana in corpore sano" stand zu lesen über dem Eingang einer Badeanstalt in Krakau. Gesunder Geist, wäre das schön, zu schön, um wahr zu sein.

Als er nach der Dusche frische Sachen anzieht, kommt er sich wie neugeboren vor, gereinigt und erfrischt, körperlich zufrieden, ja, seelisch auch? Er ist skeptisch und horcht in sich hinein, ob sich das automatische „Aber“, wie in den vergangenen Wochen sofort wieder meldet.

„Janosch, du hast es zwar geschafft, aber ...“ Es bleibt stumm. Was ist mit dem Skeptiker passiert, zurzeit weg, außer Haus, aber wird er auch weg bleiben, für immer?

Traumlos verbringt er die nächste Nacht und greift nach dem Frühstück, das er im kleinen Speiseraum seiner Unterkunft mit gutem Appetit und ohne die störende Unruhe, die sonst seinen Morgen begleitet hat, genossen hat, zum Telefon.

„Komisch“, denkt er, „ich fühle mich fast gesund, sind das nur die Hormone oder habe ich mir das erarbeitet?“ Er freut sich, Dr. Pawlowski sofort an den Apparat zu bekommen. Ohne die Frage des Therapeuten abzuwarten, verkündet er frisch und froh: „Mir geht es viel besser Herr Doktor, der Weg hat sich wohl gelohnt!“

„Ich freue mich, Janosch, ich freue mich sehr, Sie zu hören, und besonders, Sie so zu hören, Sie klingen wie runderneuert.

Sie klingen sehr positiv ... aber, aber, wo sind Sie jetzt, Janosch?“

„Kein Aber, Herr Doktor, ich bin in einer Herberge in Kevelaer, gleich gehe ich in die Kathedrale und später versuche ich eine Beichtgelegenheit zu bekommen. Es sind nicht so viele Pilger da, ich fahre dann später zum Bahnhof und komme zurück. Haben Sie einen Termin für mich?“

Dr. Pawlowski ist hoch erfreut. Es ist deutlich zu hören, dass seinem Patienten die Gehtherapie offensichtlich gut getan hat, nun aber muss er berichten, was sich zwischenzeitlich ergeben hat, und er spürt eine gewisse Hemmung, sofort mit dem dringenden Anliegen loszulegen, sagt dann aber: „Janosch, es tut mir leid, so direkt können Sie noch nicht zu uns zurückkommen. Dass Sie sich besser fühlen, finde ich prima, Sie klingen auch fest in Ihrer

Stimme, deshalb glaube ich, dass Sie mit dem, was jetzt auf Sie zukommt, auch gut umgehen können. Sie sind jetzt allerhand Belastungen gewachsen, glauben Sie mir!"

Janosch ist verunsichert. Was wird jetzt kommen? Ist etwas passiert? Etwas mit den Kindern oder was soll es sonst sein? Er schluckt. Dr. Pawlowski scheint etwas auf dem Herzen zu haben, was er sich jetzt anhören muss. Es ist ja sein Beruf, sich um die psychische Verfassung seiner Patienten zu sorgen.

„Bitte erschrecken Sie nicht, aber ich muss Sie fragen, ob Sie in Bielefeld waren?"

„Ja, vor ein paar Tagen, weshalb fragen Sie ..." Seine Stimme zittert, als er fragt: „Woher wissen Sie das, warum fragen Sie?"

„Die Polizei hat mich angerufen!"

Janosch nickt. Er wartet ab und fragt: „Wie, warum Sie, hatten Sie meinetwegen Schwierigkeiten?"

„Nein", Dr. Pawlowski lacht, „nein, nein, keine Sorge, so ganz frei sind Sie doch nicht von Schuld, oder? Hören Sie, Sie müssen sich sofort bei der Polizei melden, die sucht Sie."

„Mich, einen unnützen Polen beim Heillaufen?"

„Ja, Sie Unnutz und zwar dringend!", er versucht es paradox und es funktioniert.

„Okay, ich habe verstanden, ich werde von Nutzen sein, aber noch nützlicher werde ich sein, wenn ich nicht sofort fahre, sondern zunächst noch meine Wallfahrt zu Ende bringe. Die Polizei muss sich noch ein wenig gedulden, erst komme ich, dann die Pflicht! Ich rufe Sie an, sobald ich hier fertig bin, okay?"

„Aber ...?" Beide lachen.

„Dann bis später!"

Eine gute Stunde später ruft Janosch erneut Dr. Pawlowski an und der erzählt ihm von dem Anruf aus Bielefeld und erklärt Janosch, worum es geht.

Dreiundzwanzig

Gute vier Stunden später sitzt Janosch im Polizeipräsidium in Bielefeld Kommissar Johanningmeier gegenüber. „Herr Kowalski, ich möchte Sie bitten, mir zu erzählen, was Sie in der vorletzten Nacht in Bielefeld erlebt haben!"

Der Gefragte denkt einen Moment lang nach und sagt dann: „Herr Kommissar, es war zunächst eigentlich eine ganz positive Nacht, ich war gut eingeschlafen in dieser überraschend bequemen Herberge, kein Wunder, so k. o., wie ich war, aber, was dann kam, war furchtbar ..."

Janosch schüttelt sich und sagt: „Ich wusste, obwohl ich nicht verstanden habe, worum es ging, hier passiert etwas Böses. Etwas, was mich nicht kalt lässt, solange ich denken kann! Wissen Sie, ich war nicht darauf eingestellt, dass mir etwas Schlimmes passieren könnte und, ehrlich gesagt, noch vor Kurzem wäre es mir auch egal gewesen. Ich habe nämlich meine Frau verloren, meine Zukunft, die Mutter meiner Kinder. Wenn mich jemand erwischt hätte, mir doch egal, ich hätte es doch verdient! Aber seit Tagen geht es mir besser, ich bin wieder aufgewacht. Ich weiß nicht, was Sie über Gott denken, aber ich bin überzeugt: Du bist der Welt überhaupt nicht egal, das Leben braucht dich, deine Kinder brauchen dich!"

Johanningmeier hört ganz gefesselt zu, lässt Janosch Zeit zum Nachdenken und schaut ihn weiter ruhig an.

„Nach ein, anderthalb Stunden bin ich aufgewacht, es war plötzlich ein beißender Geruch in der Luft, der immer stärker wurde. Ich habe mich schnell angezogen, habe eine Fensterscheibe zertrümmert und bin raus dem Haus. Es waren mindestens sechs Leute vor dem Gebäude, sie waren in den zwei Wagen gekommen, die ich noch habe wegfahren sehen. Sie waren vermummt ... und dann war da dieses Nummernschild ... ich konnte es nicht glauben ... ich wollte nicht glauben, dass es etwas mit mir zu tun hätte, dann aber, als ich bemerkte, dass ich etwas Schriftliches von mir dagelassen hatte ... da hatte ich nur noch Angst und bin weggerannt!"

Johanningmeier bleibt stumm, er vermisst Annette Sasse, die aber hat heute leider frei und so muss er diese Befragung alleine durchstehen. Er muss es mit den Gesprächsmitteln versuchen, die ihm hölzern vorkommen, zu wenig empathisch. So bleibt er auf der rationalen Ebene und fragt: „Herr Kowalski, wann sind Sie in Kevelaer angekommen?"

„Gestern Abend, ich habe heute Morgen dann in Polen angerufen und Dr. Pawlowski hat mich gebeten, Ihnen als Zeuge zur Verfügung zu stehen."

„Gut, dass Sie jetzt hier sind, Sie sind wahrscheinlich unser einziger Zeuge. Ich hatte schon befürchtet, man hätte Sie gesehen, ich meine, die Täter hätten Sie gesehen. Wie gut, dass Sie heil und gesund hier sitzen!"

„Gesund? Hat die deutsche Polizei etwa Psychiater in ihren Diensten?"

„Ja, das sagt man so." Johanningmeier denkt manchmal, dass es möglich sein müsste, Worte zurückzunehmen, wie verdorbene Tomaten.

„So komisch diese Autonummer: BI SS 3300."

„So blöd wird doch niemand sein, die war gefaked."

„Wer kann so etwas herstellen?"

„Eine Schilderwerkstatt. Ich kenne eine, in der Walther-Rathenau-Straße, ich fahre jetzt sofort dahin. Warten Sie bitte hier im Präsidium auf mich. Sie müssen Ihre Aussage später noch unterschreiben."

*

„Sie dürfen hier nicht parken!", sagt die Dame, die gerade aus ihrem Wagen auf dem kleinen Hinterhofparkplatz der Schilderwerkstatt neben ihm aussteigt.

„Wetten, dass ..." Johanningmeier hat wenig Humor, wenn er schon an der Wurst, die vor ihm liegt, schnuppert, seine Spur bekommt Kontur.

„Ich muss mit Ihrem Chef sprechen, Kripo Bielefeld." Johanningmeier zeigt der Dame, die jetzt im Empfang hinter einer Glasscheibe mit Durchreiche Platz genommen hat, seinen Dienstausweis.

Wir haben doch alle was auf dem Kerbholz, denkt er, ist es doch oft diese schuldbewusste Miene, die ihm auch jetzt wieder begegnet, wenn er „Polizei" sagt.

„Der Chef ist nicht da, Sie stehen ja auf seinem Parkplatz!"

„Nicht lange", sagt Johanningmeier, „ich brauche nur ein paar Infos. Es handelt sich um einen Kunden von Ihnen und ehe Sie sagen, Sie hätten keine Befugnis, sage ich Ihnen jetzt schon, dass ich mit einem Durchsuchungsbeschluss wiederkomme, und zwar schneller, als die Polizei erlaubt!"

Die Dame nickt und deutet an, dass sie ihn nicht aufhalten wird, seinen Job zu machen.

„Ich brauche alle Unterlagen über Aufträge in den letzten vier Wochen und eine Info. Sie sind doch hier so etwas wie der Schlagbaum, an Ihnen kommt keiner vorbei: Ich suche einen oder mehrere junge Männer, die einen schwarzen Geländewagen gefahren haben und die ein oder mehrere Schilder geholt haben, vielleicht zum Spaß oder so!"

Die Dame zögert, greift dann hinter sich ins Regal und zieht einen Leitzordner heraus, blättert und blättert, Johanningmeier würde rauchen, würde er rauchen, und bekommt Stantepede seine Information.

„Bingo!", sagt er und wirft der Dame einen Luftkuss zu.

Vierundzwanzig

Sie sieht nichts. Man hat ihr Augen und Hände fest verbunden. Es schmerzt. Ihre Beine sind fast eingeschlafen. Sie versucht, gut durchzuatmen. Innen scheint nichts kaputt zu sein, ihr Mund ist mit einem Klebestreifen verschlossen. Sie versucht, sich zu bewegen, es ist nicht möglich.

Nur wenn ich die eigene Ohnmacht zu akzeptieren lerne, werde ich das hier überleben.

Der Gedanke ist neu. Neyla denkt ihn zum ersten Mal und spürt Erleichterung bei diesem Gedanken. Als Älteste in ihrer westafrikanischen Familie hat sie immer viel Verantwortung getragen, besonders für den kleinen Bruder.

Sie denkt an einen Jungen in der Nachbarschaft mit Namen Ben, er muss jetzt acht Jahre alt sein. Er war taubstumm geboren, die Familie hatte lange gedacht, er sei dumm, und dann kam wieder diese Schuldfrage auf, wie dumm ist die erst. An ihn muss sie denken und sie wird ruhiger. Sie konnten sich miteinander verständigen, mit den Händen und mit Lippenlesen.

Ben kommt ihr in den Sinn, jetzt, wo sie sich unfrei fühlt. Wie unfrei mag der sich gefühlt haben, ausgeschlossen von Musik, von Worten, lesen kann er schon, schon mit acht Jahren.

Irgendwo im Gebäude kann sie Ray Charles hören, den blinden Soulsänger mit „Can‘t stop loving you“. Was für ein Zeichen ist das oder hat das nichts zu bedeuten? Ganz sicher ist, dass sie sich hier in Gefahr befindet, sie kann sie fast mit Händen greifen. Sie hört vor der Tür Schritte, jemand kommt. Ihre Spannung steigt.

„Auf die ersten Sekunden kommt es an“, denkt sie dann, „wie mir meine Entführer begegnen. Mit welcher Machtdemonstration habe ich zu rechnen?“

Einen Augenblick später weiß sie es, denn ein glühend heißer Schmerz überfällt sie, als der Klebestreifen mit einem Ruck von ihrem Mund abgerissen wird. Diese Person setzt wahrscheinlich auf Gewalt, vielleicht, um sie einzuschüchtern. „So mein Goldstückchen, nun wollen wir mal sehen, was du wert bist, so eine Berühmtheit!“

„Wieso berühmt? Spielt diese heisere Stimme etwa auf das Interview in der Zeitung an? Warum nur habe ich dieses Interview der Zeitung überhaupt gegeben?“ Sie ist böse auf sich.

Nun, klar, warum wohl?

Die Zeitung hatte sie angerufen. Sie wolle der Angst in der Bevölkerung, die Asylanten seien eine Menschenflut, entgegenwirken, und zwar durch die ganz persönliche Präsentation von Einzelschicksalen. Man befürchte nämlich, dass sich der politische Wind weiter drehen und den braunen Bodensatz noch mehr an die Oberfläche spülen würde, besonders dann, wenn es zum Beispiel eine plötzlich erhöhte Kriminalität im Zusammenhang mit der Asylfrage gäbe. Die Politik sei nervös und zeige sich eher hilflos!

Neyla hatte es sich gut überlegt, ob gerade sie ihr Schicksal vorstellen sollte, hatte zunächst Bedenken, aber hat auch an ihren Bruder gedacht. Vielleicht würden sich Bürger dieser Stadt von diesem Lebensschicksal berühren lassen, denn, da war sie sich sicher, Jacobs Erkrankung hatte im Ursprung mit Boko Haram zu tun ... und nun hat sie die Quittung, ein niederschmetterndes Ergebnis: Sie ist gekidnappt worden.

Der Mann nimmt ihr die Augenbinde ab und bindet sie los. Er ist groß, ein Muskelpaket, vermummt. Neyla reibt sich die Arme und sieht sich um. Ihr Gefängnis ist sparsam möbliert. In einer Ecke stehen ein Eimer, dann noch ein Stuhl, auf den sie sich setzen kann, und ein kleiner Tisch.

Ihr Entführer knallt ihr etwas zu essen auf den Tisch, eine Fastfoodmahlzeit, ihr wird schlecht. Der Mann sagt noch zu ihr: „Es nützt nichts zu schreien! Machst du den Lauten, setzt es was!“

Kurze Zeit später ist sie allein, sie probiert die Türklinke, der Raum ist verschlossen, sie legt sich auf die Matratze und versucht zu schlafen.

Fünfundzwanzig

Es ist wie ein langgehegter Traum, der unerwartet in Erfüllung geht. Afrika, noch vor zwei Tagen war der fremde Kontinent ein heimlicher Plan, ein geheimes Ziel. Zunächst waren alle – bis auf Johanningmeier – im Präsidium skeptisch ... den Jungen aus Nigeria nach Bielefeld zu holen, was könnte das bringen? Wer soll das bezahlen und vor allem, würden sich die Kidnapper dadurch beeindrucken lassen? Was, wenn die Aktion ein Schlag ins Wasser wird? Was, wenn die Geschichte einen ganz anderen Verlauf nimmt?

Dann aber drehte sich das Blatt. „Warum nicht, Frau Sasse", hatte ihre Vorgesetzte plötzlich gemeint, „schaden kann es doch eigentlich nicht und dem Jungen muss sowieso geholfen werden, und das wohl nur hier in Europa. Und die Bielefelder Polizei steht bei einem Erfolg doch gut da und Sie sind so hochmotiviert, aber ein paar Urlaubstage wird Sie das Abenteuer wohl auch kosten müssen."

In Annette regte sich sofort Widerstand, sie holte schon tief Luft, um ihre Meinung zu äußern, dachte nach, dachte AFRIKA! Und dann beschloss sie: „Annette, jetzt sagst du nichts, hältst den Mund, denn einem geschenkten Gaul ..."

Als das Flugzeug zum Landeanflug sinkt, wird Annette Sasse von der Bordansage geweckt. Sie ist leicht beduselt, sieht aber noch von oben, wie riesig diese Stadt ist, ein Koloss, eine Unstadt, eine Anhäufung von Stahlbeton, Tempeln der Reichen, der Banker, der Ölmilliardäre. Und als das Flugzeug sich dem Erdboden nähert, sieht sie gleich daneben die erdrückende Realität aneinandergelehnter Notbehausungen, endlose Beweise dafür, und denkt, dass wir von außen dieses Elend niemals werden verändern können, schon gar nicht nur mit lausigen Geldscheinen.

Als Annette mit ihrem Gepäck in die Flughalle kommt, steht dort ein sympathischer Polizist mit einem großen Plakat „Ms. Sasse". Sie denkt einen Moment, „ich bin ja gemeint", und sie winkt ihm zu und er schaut sie lachend an: „Hallo Miss Europe, Ms. Annette Sasse, welcome to Africa! My Name is Sam

N'donga, from the Central Police Department Lagos Town." Der Polizist, Annette schätzt ihn auf Mitte vierzig, nimmt ihr Handgepäck und Rollkoffer ab und sagt: „Ich fahre Sie erst einmal in Ihr Hotel."

Annette ist überwältigt von diesem freundlichen Empfang und stellt so nur beiläufig fest, dass die Luft, als sie vor die Tür treten, heiß und feucht ist und ihr auch ein wenig den Atem nimmt.

In gutem Deutsch erklärt ihr der Polizist unterwegs, dass er lange in Frankfurt gelebt habe. „Meine Eltern sind im Krieg dorthin ausgewandert, asyl you know. Ich schlage vor, wir besuchen den Jungen erst morgen. Er lebt in einem Außenbezirk von Lagos. Er ist zwölf Jahre alt, etwas schüchtern, aber clever. Er denkt, wir bringen ihn zu seiner Schwester. Aber wir müssen ihm die Wahrheit sagen. Dann muss er entscheiden, ob er mit Ihnen fliegt. Die Familie und der Polizeiboss von Lagos entscheiden natürlich auch mit. So ist das hier. Willkommen in der zivilisierten Wildnis!" Er lacht.

Als sie in ihrem Hotel ist, denkt Annette: „Mein Gott, wie machen das die Menschen hier nur? Sie strahlen und lachen in diesem gefährdeten Land. Ist das eine Frage der Mentalität oder des Klimas?"

Sie denkt an ihre Heimatstadt Bielefeld: so ruhig, so ohne Gefährdung, so demokratisch. Und wie miesepetrig sitzen die Menschen oft in der Straßenbahn. Und dieser Polizist strahlt sie mit seinen makellosen, weißen Zähnen an, als hätte er gerade den Hauptgewinn gezogen.

Das Hotel liegt im Zentrum von Lagos, zumindest was sie dafür hält. Es hat einen großen begrünten Innenhof, und zu ihrem Glück gehen Fenster und der kleine Balkon auch nach dort hinaus. Das Bad und das Zimmer sind klein und bescheiden, aber sauber und durch die Klimaanlage angenehm. Annette steigt erst einmal unter die Dusche und legt sich dann aufs Bett, wo sie sofort beseelt und glücklich in einen tiefen, traumlosen Schlaf fällt.

Sie wird durch ein zögerliches, fast erscheint es ihr durch ein höfliches Klopfen geweckt. Beim Blick auf ihre Armbanduhr sieht sie, dass es kurz vor neunzehn Uhr nigerianischer Zeit ist, und erschrocken rennt sie zur Tür und öffnet. Der Polizist von eben, Mr. N'donga, steht davor und strahlt sie an.

„Ms. Sasse, wir sind um neunzehn Uhr zum Essen verabredet. Sie erinnern sich?" Schuldbewusst schaut sie an ihrem knielangen T-Shirt hinunter und sagt dann: „Fünf Minuten, okay?"

„Okay, ich warte im Foyer auf Sie."

Und wirklich, fünf Minuten später steht sie Mr. N'donga gegenüber.

Er führt sie durch den ohrenbetäubenden Verkehrslärm von Lagos und durch die Massen von Fußgängern sicher und behutsam durch die Stadt, und dass ohne Uniform, die er am Flughafen noch getragen hatte. Sie essen in einem kleinen Restaurant Couscous, gebratenes Hähnchenfleisch und scharfes Gemüse, von dem Annette nicht mal den Namen kennt. Alles schmeckt sehr fremd und sehr köstlich. Dazu gibt es dünnes Bier, das ihr besser schmeckt als das zu Hause, weil es nicht so herb ist. Sie bieten sich im Laufe der Mahlzeit das Du an. Er heißt Samuel, „aber alle nennen mich Sam".

Er erzählt von seiner Kindheit in Frankfurt, von Hänseleien wegen seiner Hautfarbe, aber auch von echten Freundschaften, die bis heute andauern. Und sie erzählt von ihren Kindern und ihrem Leben in Bielefeld, auch ihre gescheiterte Ehe erwähnt sie kurz. Was ihr an diesem Abend nicht wirklich klar wird, sie verschweigt ihre Beziehung zu ihrem Kollegen Johannigmeier. Nachdem Samuel N'donga sie auf die gleiche sichere Weise wieder in ihr Hotel begleitet hat, legt sich Annette mit dem Gedanken ins Bett: „Also das Ankommen in Lagos, Nigeria hatte ich mir viel schlimmer vorgestellt. Es war nicht nur nicht schlimm, sondern äußerst angenehm." Sie hatte sich mit N'donga für den nächsten Morgen um neun Uhr vor dem Hotel verabredet.

Pünktlich steht Samuel N'donga vor dem Hotel, als Annette durch die Drehtür kommt. Sie hat wunderbar geschlafen und so gesund gefrühstückt wie schon lange nicht mehr: Papaya, Ananas und andere tropische Früchte, die sie nicht kannte, aber köstlich schmeckten. Sam, wie sie ihn seit gestern Abend nennen darf, steht vor seinem Polizeifahrzeug, begrüßt sie mit, „Hallo, Annett“, und macht eine Bewegung mit der Hand in Richtung Beifahrersitz. Er öffnet ihr die Tür und benimmt sich wie ein Gentleman alter Schule. Selbst im dicksten, aufreibenden Verkehr von Lagos, wo Annette nicht mal für Geld und gute Worte Auto fahren möchte, behält er die Ruhe und die Übersicht. Sie verlassen die Prachtbauten, die Geschäfts- und Bankenpaläste der Innenstadt und nähern sich erst gesichtslosen Wohnblocks und kommen später in die Elendsviertel der Außenbezirke: Hütten aus Holz, flüchtig gemauerte Wände und Wellblechdächer.

Annette, die wahrhaftig Zeit ihres Lebens nicht auf Rosen gebettet war, ist erschüttert. Ihr schießen die Tränen in die Augen beim Anblick dieser armselig gekleideten Kinder, die in schlammigen Pfützen spielen oder begeistert einen völlig kaputten Ball treten, um ihn in ein Tor aus alten Kisten zu schießen. Vor einem etwas größeren und gepflegteren Häuschen hält ihr Begleiter an. Er klopft an die grüne Tür, die Annette an ein Gartenhäuschen erinnert, und eine große, schöne Nigerianerin öffnet ihnen. Das heißt, sie war sicher einmal sehr schön. Nun ist ihr Gesicht verhärmt, und ihre Augen sind von einer unglaublichen Traurigkeit und Ausweglosigkeit. Sam spricht mir ihr zuerst auf Yoruba. Seit gestern weiß Annette, dass das die Amtssprache in Lagos ist, dann sagt er zu ihr: „Ich habe erst einmal nur um ein Gespräch gebeten, und dass sie nicht erschrecken soll wegen meiner Uniform. Und natürlich, dass du aus Deutschland kommst.“

Die weitere Unterhaltung findet aber auf Englisch statt. Die Frau bittet sie herein. Die Wohnung ist sorgfältig aufgeräumt und sauber. Sie setzen sich auf einfache Teppiche auf den Boden.

Annette erläutert in kurzen klaren Sätzen den Plan der deutschen Kriminalpolizei. Die erwachsene Tochter Neyla ist in Bielefeld entführt worden, und man hat nun an die Familie den Wunsch, den zwölfjährigen Jacob, der im Rollstuhl sitzt, nach Deutschland zu holen und dort mit dem Schicksal der Tochter und des jüngeren Bruders an die Öffentlichkeit zu gehen. Vielleicht kann man das Herz der Entführer erweichen, aber auch, das ist die große Hoffnung, die Bevölkerung sensibilisieren, dass diese aufmerksamer auf etwaige Spuren, Verdachtsmomente, Auffälligkeiten reagiert und so die Polizei auf eine Spur führt.

Die Mutter ist zunächst nur erschrocken und weint dann. Aus den stillen Tränen wird schnell ein lautes Schluchzen.

Sam und Annette lassen ihr Zeit, sich langsam zu beruhigen.

Dann spricht sie schnell und immer wieder unterbrochen vom Weinen auf die beiden ein und hat natürlich viele Fragen: Wie konnte so etwas in einem Land wie Deutschland passieren? In einem sicheren Land!

Nach vielem Hin und Her ist sie zögerlich mit der Reise ihres Sohnes nach Deutschland einverstanden, wenn das eine Chance für ihre Tochter sei. Auch erhofft sie sich für Jacob eine bessere medizinische Versorgung.

Annette kann ihr beides nicht wirklich fest versprechen, aber was sie ihr verspricht ist, dass Jacob in Deutschland nichts Schlimmes zustoßen wird, weil er unter dem besonderen Schutz der Bielefelder Polizei stehen wird.

Sie verabreden sich für den nächsten Tag um 17 Uhr. Dann wird Jacob zu Hause sein. Sie stehen auf, wobei es Annette ziemlich peinlich ist, dass Sam ihr aufhelfen muss, weil sie es nun wirklich nicht gewohnt ist, auf dem Boden zu sitzen. Er grinst verständnisvoll, er kennt ja Deutschland und seine Stühle, Sessel und Sofas.

Auf dem Heimweg bekommt Annette erst einmal kein Wort heraus. Diese unvorstellbare Armut, diese Traurigkeit, der Schicksalsschlag des getöteten Vaters, der gelähmte Junge, und dann kommt die ältere Tochter nach Deutschland, will helfen, etwas Licht in diese Dunkelheit bringen und wird dann ausgerechnet in dem Land, auf dem ihre ganze Hoffnung ruht, von gewissenlosen Kriminellen entführt. Das ist einfach zu viel Unglück auf einmal, und Annette nimmt sich vor, alles zu tun, was in ihrer Macht steht, um dieser Familie zu helfen. Sie weint. Aus den Augenwinkeln sieht Sam ihre Tränen, sagt aber nichts dazu.

Sie hatten verabredet, nach dem Familienbesuch ins Police-Department zu fahren. Als sie vor dem Gebäude halten, räuspert sich Annette resolut und sagt: „Was ich nicht verstehe ist, wie kommt ein Mädchen aus so einer Umgebung auf die Deutsche Schule? Muss man da nicht Schulgeld bezahlen, teure Schuluniformen tragen und so? Wie konnte sich die Familie das alles leisten?“

„So viel ich weiß, war sie auf einer katholischen Grundschule. Und die Leiterin, übrigens eine Nonne, fand Neyla so begabt, dass sie mit Hilfe von Unicef und einem Deputat der Schule ein Stipendium bekam.“

Annette seufzt: „Gott segne solche Einrichtungen. Obwohl man ja zu oft das Gefühl hat, das alles ist nur ein Tropfen auf den heißen Stein. Oder besser, in einem grenzenlosen Ozean des Unglücks und der Ungerechtigkeit.“

„Wohl wahr“, antwortet der Polizist bedrückt und geht mit ihr die Treppe hoch ins Polizeirevier.

Er öffnet die Tür und lässt ihr den Vortritt. Tja, was hatte sie erwartet? Alle Polizeireviere der Welt ähneln sich offenbar. Etwas betagte Schreibtische, abgenutzte Stühle, Barrieren für die Besucher. Und der Unterschied zu Bielefeld? Freundliche, offene Gesichter, ein herzliches Willkommen von allen Seiten. „Nice to meet you!“ „How are you?“ „Welcome to Nigeria!“

Die weitere, ernsthaftere Unterhaltung läuft weiter auf Englisch. Man ist erstaunt, dass man einer Nigerianerin in Deutschland so viel Bedeutung zumisst, eine Kommissarin in deren Heimatstadt zu schicken.

Annette erklärt noch einmal den Plan mit dem jüngeren behinderten Bruder. Die Kollegen gucken eher skeptisch, sagen aber ihre volle Unterstützung zu, soweit sie von Nutzen sein kann. Und betonen, dass sie natürlich damit einverstanden sind, dass Sam sie während ihres Aufenthalts in Lagos begleitet und ihr hilft. Sie trinken noch einen Kaffee zusammen und tauschen Erfahrungen in ihren unterschiedlichen Arbeitsbereichen aus. Nach ihrem Abschied, der nicht freundlicher und herzlicher sein könnte – oh, du mein ernsthaftes Ostwestfalen –, essen Sam und sie an einem Straßenimbiss Suppe und Fisch.

„Wie kommt es, dass hier einfach jede und jeder Englisch spricht? Das ist bei uns nicht so ohne Weiteres üblich."

„Ja weißt du, in Nigeria gibt es um die 500 unterschiedliche Sprachen, nicht Dialekte – Sprachen! Da ist man ganz schnell aufgeschmissen, wenn man kein Englisch kann."

Danach bringt Sam sie ins Hotel zurück und sie hat Zeit für eine ausgiebige Dusche, denn die Luftfeuchtigkeit und die Hitze von Lagos sind mörderisch.

Jetzt hat sie Zeit und Muße, ihren Kollegen und Liebsten Johanningmeier in Bielefeld anzurufen.

„Gott sei Dank, Annette, ich fing gerade an mir Sorgen zu machen. Wie geht es dir dort? Wo wohnst du? Wie kommst du mit dem Fall zurecht? Erzähl."

Und Annette erzählt. Vom Flug, der Stadt, den Kollegen und dem Besuch bei der Familie von Jacob.

„Weißt du eigentlich, wie gut wir es haben in unserem beschaulichen Bielefeld?"

„Na ja, es regnet."

„Schöne Antwort! Das tut es hier auch oft genug. Hat mir jedenfalls Sam erzählt."

„Wer ist Sam?"

„Samuel N'donga, der Kollege, der mich hier begleitet und sich um mich kümmert."

„Na, hoffentlich kümmert er sich nicht zu viel …", sagt Johanningmeier, der plötzlich unsicher wird.

„Du spinnst. Wenn du keine anderen Sorgen hast, empfehle ich dir dringend, mal einen Urlaub hier zu verbringen, vornehmlich in den Elendsvierteln."

„Ist ja gut. War ja nur so daher gesagt. Ich mache mir eben Sorgen um dich. Wann kommst du zurück?"

„Weiß ich noch nicht. In zwei bis drei Tagen vielleicht."

„Gut, ich werde der Polizeipräsidentin alles Wichtige mitteilen. Und bitte, pass auf dich auf."

„Mach ich, grüß mir das friedliche Bielefeld."

Johannigmeier kann es sich nicht verkneifen hinzuzufügen: „Habe ich dir eigentlich schon mal gesagt, dass ich dich liebe?"

„Ja, ich erinnere mich schwach. Ich dich auch."

„Bis bald", sagen beide gleichzeitig und beenden das Gespräch.

Anschließend wählt sie die Nummer ihres Sohnes Kai, der in einer WG lebt und in Bielefeld BWL studiert. „Ausgerechnet BWL", denkt sie oft und kann sich nichts Langweiligeres vorstellen, obwohl sie zugeben muss, dass sie keine Ahnung hat.

„Hi Mum", meldet sich ihr Ältester, „wie geht's dir in der dritten Welt?"

„Ach, danke der Nachfrage; aber kann ich nicht in drei Sätzen beantworten. Bin ja bald wieder zu Hause, dann reden wir. Eigentlich will ich ja nur wissen, ob bei dir alles in Ordnung ist ..."

Ja, bei ihm ist soweit alles okay, bis auf die faulen Säcke in seiner WG, die das Geschirr nicht regelmäßig abwaschen, wie es auf dem Plan steht, vom Klo ganz zu schweigen. Annette erinnert ihn daran, dass der Ausdruck „faule Säcke" zum Unwort geworden ist, seit ihn ein Altkanzler für die Lehrer gebraucht hat.

„Schon damals hat das nicht gestimmt und in deiner WG so pauschal sicher auch nicht."

Kai gibt zu, dass die Mädels ganz in Ordnung sind, aber die beiden Männer eben Vollpfosten, wenn es um die Hausarbeit geht. Aber er ist gespannt auf Annettes Rückkehr und ihre Erzählungen von Nigeria.

Nun fehlt noch der Anruf bei ihrer Kleinen, inzwischen auch schon sechzehn. Die hat Stress in der Schule, „wie immer", denkt Annette.

„Weißt du, wie viele Klausuren wir in dieser Woche geschrieben haben?"

„Wie viele?" Sie will es eigentlich gar nicht wissen.

„Vier!", brüllt Marie ins Telefon.

Und das findet selbst Annette zu viel und besänftigt damit überraschenderweise ihre Tochter.

„Ich bin froh, wenn du wieder zu Hause bist."
„Was isst du denn so den lieben langen Tag?"
„Na, was wohl. Pizza zum Aufbacken. Wird Zeit, dass du nach Hause kommst."
„Ist ja nicht mehr für lange. Machs gut, meine Kleine."
„Will ich überhört haben, die Kleine. See you later, Mum."
„Auch so." Sie legt auf.
Annette hat noch eine Stunde Zeit, bevor sie sich mit Sam zum Abendessen trifft. Sie legt sich für eine halbe Stunde aufs Bett, vergisst aber dieses Mal nicht, den Wecker zu stellen.
In der restlichen halben Stunde zieht sie ihr kürzlich erstandenes geblümtes Sommerkleid an, von dem Johanningmeier meinte, es sei sexy. Und dann macht sie sich noch ein wenig zurecht, was bei Annette heißt, bisschen Lidschatten, bisschen Wimperntusche, bisschen Lippenstift. Haare föhnen, fertig.
Sam wartet auf sie in der Hotelhalle. Wie gestern führt er sie sicher durch den Menschenstrom der riesigen Stadt, heute in ein anderes Lokal. Als sie an ihrem Tisch sitzen, sagt sie: „Ich muss jetzt mal was klarstellen. Heute lade ich dich ein. Ich bekomme dafür Spesen. Es geht also nicht aus meiner eigenen Tasche. Sagt dir das Wort Spesen noch was?"
„Ja natürlich. Ich kenne sogar den Spruch dazu: Außer Spesen nix gewesen."
Beide müssen lachen und sagen dann wie aus einem Mund: „Wollen wir das doch hier nicht hoffen."
Es wird aber dann doch noch ein heiterer Abend. Sam erzählt von seiner Frau und seinen vier Kindern. Sie wohnen in einer Drei-Zimmer-Wohnung in einem dieser gesichtslosen Wohnblocks, aber er findet alles in Ordnung, so wie es ist. Seine Frau arbeitet halbtags an einer Supermarktkasse, und da sie bescheiden leben, können sie die zwei älteren Kinder schon auf ganz ordentliche Schulen schicken.
„Warum bist du nach Nigeria zurückgekommen?"
„Meine Eltern gingen in Rente und wollten unbedingt wieder zurück in ihr Dorf hier in der Nähe. Und ich als ihr einziger Sohn

wollte sie nicht alleine lassen. Außerdem, nenne es wie du willst, auch meinerseits vielleicht Heimweh, Sehnsucht nach den Wurzeln. Und bestimmt hat auch der überhebliche Gedanke eine Rolle gespielt, dass man mich in Nigeria mehr braucht als in Deutschland."

„Und? Hast du es bereut?"

Er zögert etwas: „Nein. Eigentlich nicht. Dies hier ist mein Zuhause. Hierher gehöre ich. Aber hätte ich damals schon von Boko Haram gewusst und von den unvorstellbaren Grausamkeiten, zu denen Nigerianer fähig sind, vielleicht hätte ich es mir dann doch noch überlegt? Ich weiß es nicht."

Sie hatten eine Menge Wein getrunken, und als sie sich endlich auf den Weg machen, es ist weit nach Mitternacht, sind beide ein wenig beschwipst und finden es ganz natürlich, dass sie sich bei ihm einhängt. Als sie sich vor dem Hotelportal verabschieden, drückt Sam sie auf einmal spontan an sich und gibt ihr einen sanften Kuss auf die Wange. Annette wird rot, denkt verwirrt: „Du meine Güte, das ist mir ja seit Jahren nicht mehr passiert", und entert unsicheren Schrittes die Hotelhalle.

Sam schaut ihr lächelnd nach.

Als sie in ihrem Zimmer ist, schimpft sie laut mit sich: „Du blöde Kuh, die verdammt nochmal Wichtigeres zu tun, als sich zu verlieben und außerdem: Der Kerl ist zehn Jahre jünger als du. Mindestens! Also reiß dich zusammen!" Dass er außerdem verheiratet ist, blendet sie erst mal aus. Im Wein liegt Wahrheit nur allein? Von wegen!

Am nächsten Morgen holt Sam sie wieder um neun Uhr vom Hotel ab. Bis sie zur Familie Awena müssen, um siebzehn Uhr, haben sie noch viel Zeit, und Sam hat ihr versprochen, ihr einige Sehenswürdigkeiten der Stadt zu zeigen.

„Es wäre doch schade, wenn du nur dein Hotel und die Elendsviertel kennenlernen würdest."

Und so zeigt er ihr das beeindruckende Nationalmuseum und das Theater und, mit jungenhaftem Stolz, das Stadion, in dem die nigerianische Nationalmannschaft spielt.

„Wie ist es mit Regierungsgebäuden? Gibt es die hier nicht?"

„Nein, Lagos ist zwar die größte Stadt Nigerias, aber der Regierungssitz ist seit vielen Jahren in Abuja."

Annette ist etwas beschämt und guckt entsprechend betreten.

„No problem, Ms. Europe. Man kann nicht alles wissen."

Dann besuchen sie einen Handwerkermarkt, auf dem gewebt, getöpfert, geschmiedet und mit Leder gearbeitet wird. Annette kauft einen schönen, schlichten Ledergürtel für Johanningmeier und auch einen für ihren Sohn. Einer ebenso schönen Handtasche für sich selber kann sie auch nicht widerstehen. Und auf einem Stoffmarkt kauft sie noch einen Folklore-Rock für Marie. Sam zeigt ihr noch eine der drei Inseln, die Lagos vorgelagert sind und auf der keine Spur von Elend zu finden ist. Prachtbauten neueren Datums und Villen, sicher noch aus der englischen Kolonialzeit. Sie essen wieder auf der Straße und machen sich gegen 15.30 Uhr auf den Weg zu den Awenas. Dieses Mal öffnet ihnen ein Junge im Rollstuhl und Annette sagt zu ihm: „Und du bist sicher Jacob?"

Jacob strahlt die Besucher an. Sam und Annette begrüßen die Mutter und einen älteren Mann, der sich mit dem Namen Jonathan Kibale vorstellt und sagt: „Ich bin ein Freund und direkter Nachbar der Familie Awena."

Alle Erwachsenen setzen sich wieder auf den Boden und Annette Sasse erläutert ihren Plan. Sie gibt zu, dass es keine absolute Erfolgsgarantie in dieser Situation gäbe, aber es wäre eine Chance, die einzige, die ihr einfiele, um beiden Kindern zu helfen. Jacob, der auch Englisch spricht, will ohne Wenn und Aber mitkommen. „Ich will zu Neyla, ich kann ihr bestimmt helfen."

Jacobs Mutter serviert Tee, und sowohl Annette als auch Sam setzen all ihre Überzeugungskraft in die Gespräche. Hilfreich ist auch eine Intervention von Jonathan, der wissen will, wie das Ganze finanziert werden würde. Annette kann sie beruhigen, dass für die afrikanische Familie keinerlei Kosten entstünden, sodass zum Schluss alle einverstanden sind. Annette sagt abschließend: „Nun fehlt uns nur noch das Okay von deinem Chef. Sam, ist er einverstanden, können wir die Flugtickets bestellen."

Beim Abschied umarmt Annette die Mutter und Jacob und erntet ein von Tränen ersticktes Dankeschön. Am nächsten Morgen will Sam Jacob gegen elf Uhr abholen.

Nachdem sie im Polizei-Department die Formalitäten erledigt und von dort aus die Flugtickets bestellt haben, bringt Sam Annette ins Hotel zurück und sie verabreden sich wieder zum gemeinsamen Abendessen.

Abends sitzen sie sich wieder in dem zuerst besuchten Restaurant gegenüber, freuen sich über ihren Erfolg und wünschen sich gegenseitig einen guten Abschluss dieses Abenteuers, das es für sie ist, aber bei dem es für Neyla wahrscheinlich um Leben und Tod geht.

Sie essen gut, wieder auf Annettes Spesen, trinken erneut ein bisschen zu viel und machen noch einen Bummel durch einen wunderschönen Park, den Annette nie und nimmer in Lagos vermutet hätte. „Du kennst längst nicht genug von dieser aufregenden Stadt. Deshalb musst du wiederkommen."

„Vielleicht ..."

Als sie am Hotel ankommen, nimmt Sam sie in die Arme, küsst sie auf den Mund und sagt dann: „Kann ich noch mit raufkommen?" Und mit einem schiefen Lächeln: „Ich würde mir sehr gerne deine Briefmarkensammlung angucken."

Annette küsst zurück und antwortet dann: „Also meine Briefmarkensammlung ist wirklich sehenswert, aber das lassen wir mal lieber. Ich habe in Bielefeld einen sehr lieben Freund und dem könnte ich dann nicht mehr in die Augen sehen, und du deiner Frau auch nicht. Außerdem muss ich dir gestehen, ich würde dir mit Sicherheit nicht widerstehen können. Du bist ein toller Mann."

Sie küssen sich noch einmal, sagen beide gleichzeitig, „dann also bis morgen", und trennen sich.

„Was ist mit dieser Stadt eigentlich los, dass ich immer heule", denkt sie im Aufzug und wischt sich resolut über die Augen.

Gegen zwölf am nächsten Tag steht Sam mit seinem Polizeiauto vor dem Hotel. Drinnen sitzt ein strahlender Jacob.

Ihr Flug geht um fünfzehn Uhr und sie kommen früh genug am Flughafen an. Annettes und Jacobs Gepäck ist schnell aufgegeben und nun hat Annette noch ein wenig Überzeugungsarbeit zu leisten.

„Weißt du was, Jacob, deinen Rollstuhl brauchst du nicht mehr. Den bringt Sam zurück zu deinen Eltern. Am Frankfurter Flughafen bekommst du erst einmal einen geliehen und in Bielefeld dann einen eigenen."

Jacob guckt erst ein bisschen skeptisch, aber er ist einverstanden. Sie verabschieden sich von Sam, der Annette noch einmal in die Arme nimmt und küsst.

Jacob fragt schelmisch: „Macht man das so in Europe?"

„Yes, Sir, it is very normal in Europe", antwortet Sam und zwinkert Annette zu.

An der Gangway kommt ihnen ein Flugbegleiter entgegen und trägt den Jungen ins Flugzeug. Er hat einen Fensterplatz und ist aufgeregt bis in die Fingerspitzen. Während des Fluges erzählt er in einem Mischmasch aus Englisch und deutschen Wörtern, die er bei seiner Schwester aufgeschnappt hat, was er da unten alles sieht. Jedenfalls ist an Schlafen, auch als sie längst über den Wolken sind, nicht zu denken.

Auch der Imbiss, Fleischklößchen mit Reis und Bohnen, entzückt ihn, und er isst die Hälfte von Annettes Mahlzeit auch noch auf.

Am Frankfurter Flughafen wartet unterhalb der Gangway ein Rollstuhl auf Jacob. Der Flugbegleiter setzt ihn hinein und Jacob ist voll des Staunens. „It is a High-tec-chair, isn't it?", ruft er begeistert aus, und er findet, Annette könne ihn ruhig mit mehr „speed" durch die Flughafenhallen „pushen".

In Paderborn nimmt sie dann Johanningmeier in Empfang, ebenfalls mit einem Rollstuhl für Jacob, den er kurzfristig bei der AWO organisiert hat. Er freut sich, Annette wieder heil bei sich zu haben, und küsst sie.

„I know, kisses are very normal in Europe", kommentiert Jacob.

„Was soll das denn heißen?", fragt irritiert der Küssende.

„Keine Ahnung, selbst in Lagos soll es ja europäische Filme geben", gibt Annette zur Antwort, ohne rot zu werden und ohne Tränen. Sie ist auf dem nüchternen ostwestfälischen Boden angekommen.

Da der Abend schon fortgeschritten ist, beschließen sie, dass Jacob erst einmal mit zu Annette nach Hause kommt. Immerhin hat sie ein freies Zimmer, in dem bis vor Kurzem noch Kai gewohnt hat. Marie begrüßt stürmisch ihre Mutter und mit sehr viel mehr Zurückhaltung Jacob. Johanningmeier verspricht, Annette und Jacob am nächsten Morgen ins Polizeipräsidium zu fahren.

Während des Abendessens tauen die beiden Kinder auf. Marie ist stolz, dass ihr Englisch reicht, sich mit Jacob zu unterhalten, und Jacob fängt schon an, dieses schöne Mädchen anzuhimmeln.

Am nächsten Morgen, nachdem Annette Jacob mittels eines Hockers geholfen hat zu duschen und frische Sachen anzuziehen, bringt Johanningmeier beide ins Büro der Polizeipräsidentin. Sie unterhält sich auf eine sehr warmherzige Art mit Jacob und erläutert ihm noch einmal den Plan, warum er nach Deutschland geholt wurde. Und dann sagt sie zu den beiden Kommissaren: „Ich habe für Sie auch schon eine Überraschung. Heute Abend soll bereits in der Lokalzeit im Fernsehen von Neyla und Jacob berichtet werden. Für ein ausführliches Interview sind Sie und Jacob bereits um 15 Uhr in die Lortzingstraße bestellt."

„Sollen wir beide mitkommen?"

„Ja, selbstverständlich. Wer hatte denn die Idee?"

Der Besuch beim Fernsehen ist natürlich nicht nur für Jacob aufregend. Nach einem kurzen einleitenden Gespräch mit dem Chefredakteur kommt doch tatsächlich eine Maskenbildnerin und schminkt ein bisschen an den Dreien herum.

„Bin ich so nicht schön genug?", fragt Annette albern.

Die Maskenbildnerin erläutert, dass die Kamera alles „sieht" und ganz normale Haut dann auf dem Bildschirm fettig aussieht.

„Das muss jeder über sich ergehen lassen, der sich vor eine Fernsehkamera stellt."

Und Jacob kokettiert: „I'm now a TV-Star."

Dann kommt der sympathische junge Moderator, die Kameras surren, die grellen Lichter gehen an, und nachdem die drei kurz vorgestellt sind, erläutern Annette und Johanningmeier das Unglück von Neyla und ihren Plan, mithilfe ihres kleinen behinderten Bruders Licht ins Dunkel dieses Verbrechens zu bekommen. Auch Jacob wird natürlich befragt, und in seinem köstlichen Mischmasch aus Englisch und Deutsch und in aller Unbefangenheit sagt er, dass er helfen will, dass Germany „great" ist und er voller Hoffnung, seine Schwester zu befreien.

Erst als sie abends vor dem Fernsehapparat sitzen, wird er aufgeregt. Er hampelt herum, kriegt einen Schluckauf, lacht unvermittelt und fängt dann an zu weinen. Aber als die Sendung beginnt, ist er still, blass und kaut an seinen Fingernägeln. Ein bisschen enttäuscht ist er schon, als nach sieben Minuten schon alles vorbei ist. Er lächelt Annette unsicher an: „Were I good enough to save my sister?"

„Ja, das warst du", beruhigt ihn Annette.

Und Marie ergänzt: „Jacob, du warst großartig."

Dann rufen sie bei seiner Mutter an, und da Jacob nun auf Yoruba spricht, können ihn Annette und Marie nicht verstehen. Nur aus seinem Lachen und Weinen entnehmen sie, dass die Emotionen fast zu viel für ihn sind, und darum spielen sie noch eine Stunde lang ein ruhiges Brettspiel, das Marie ihm schnell erklärt, bevor er ins Bett gebracht wird.

Sechsundzwanzig

Ein seltsamer Tag, nur zu warten, nichts als zu warten, zu warten kann auch Terror sein. Wie Kaugummi zieht sich die Zeit dahin, und im Kopf entwickeln sich viel zu viele sorgenvolle Gedanken, schießen ins Kraut, weil ihnen die Begrenzungen fehlen. Heute ist schon der dritte Tag der Entführung. Jonas hat heute Stallwache. Kevin, sein Chef, ist unterwegs. „Der ist wirklich ein Organisationstalent. Der Plan, die Lady zu kidnappen, wie gut das geklappt hat, genial. Und dann diese Bude hier, weit genug draußen und doch nicht zu weit weg."

Jonas geht vor dem Gefängnis hin und her, leise, damit die drinnen sich nicht an ihn wenden kann, denn die hat nur Kevin gesehen und der hatte seine scharfe Mütze auf.

„Was macht mich eigentlich so unruhig? Das ist doch hier eine klare Kiste. Wir haben bald die Beute, die Frau ist mehr wert, als gedacht, wir tauschen sie ein, tauchen unter, und ab nach Marokko.

Ha, da gibt es genug Kiff bis ans Lebensende, eine Wasserpfeife nach der nächsten, dann ein bisschen in den Pool, Sonne, spachteln! Herz, was willst du mehr? Sechshunderttausend", für mich die Hälfte ... ist doch klar."

Kevin ist einer, der hält sein Wort, ein Handschlag, ein Blick in die Augen, fest. Männersache, Jonas sieht eine rosige Zukunft vor sich. „Schluss mit der Plackerei, geht klar, und wenn die Kohle alle ist, dann ... ach, uns fällt schon was ein, Kevin fällt immer was ein. Nie wieder, nie wieder muss ich zurück in diese Wurstfabrik, allein der Geruch, stank wie Leiche!"

„Das tut man nicht, das tut man einfach nicht!"

Wie oft er das als Kind gedacht hat, und nun hat er selbst etwas getan, was man besser nicht tut, es sei denn, es ist gut durchdacht. „Aber warum tue ich das dann? Will ich nur dazugehören? Ist es das, was ich will? Ist es nur der Geltungsdrang, Gier oder will ich es auch nur einmal leicht haben?"

Schluss mit der Drecksarbeit im Kühlhaus, Akkord ist Mord, bis einem die Knochen schmerzen, Leiharbeit, Knebelverträge, in dieser Saukälte, nachts, wenn andere ihren Rausch ausschlafen, geknechtet werden?

Jonas wartet, Kevin wollte schon vor zwei Stunden zurück sein. „Nur die Ruhe!" Das fällt ihm am schwersten.

Diese Wut, diese plötzlich aufsteigende Wut, die jäh sich entfaltet. Und später der Suff. Manche schlafen ein, er aber entwickelt sich zu einer Bombe, wenn er einiges intus hat, zu einer Ladung Hass, die unterwegs ist und einen sucht, der die Lunte anzündet, und dann macht es bum, ist doch prima.

Später dann, oft viel später und oft zu spät, sagt er sich: „Das tut man nicht!“ Bilder tauchen auf, ungefiltert, Wortfetzen, zu oft gehörtes Gezänk.

„Margret, hörst du nicht, der Kleine schreit schon wieder!“ Mutter hält sich die Ohren zu.

„Was glotzt du so, bin ich etwa daran schuld?“

Vater springt auf, geht zur Tür und knallt sie zu. „So, jetzt ist Ruhe im Karton!“

Stimmt, die Stimme des Kindes, des kleinen Jungen wird leiser, schwächer, bis sie ganz verstummt. „Aber ich war doch viel zu klein, um es zu erinnern“, denkt Jonas, „aber so muss es gewesen sein!“

„Stell du mal die Flasche heiß!“ Wieder diese brutale Stimme. Jonas ist fünf Jahre alt, seine kleine Schwester schreit, er schreit mit, innerlich, bereits verstummt.

„Mach du doch selber, du fauler Sack!“

„Schlampe!“

„Flasche!“

„Fotze!“

Man tut so viel von dem, was man nicht tun sollte, hört aber nicht damit auf.

Als das Jugendamt ins Spiel kommt, ist die arme Seele schon ziemlich kalt. Ein ruhiges Kind, ein guter Junge, unser Jonas, sagen die, die ihn nach Tarif anpreisen, den Pflegeeltern andienen, für gutes Betreuungsgeld.

„Kann man immer gebrauchen“, sagen die, deren Kontostand einer Stütze bedarf, und der Kleine hat es besser. Schlechter ging es ja auch nicht mehr. Dann kam die erste gute Clique, die deutschnationale Gruppe, der Herr und Meister, einer mit Verstand, ein guter Kerl, einer, der den Durchblick hat. Ein Vertreter des harten Kurses, harte Kante, aber gerecht.

„Da muss man endlich was tun!“ Das neue Credo, das neue Motto. „Da kommen die da mit ihrem Gefasel vom Mitgefühl, mit diesem Mitleid, diesem überflüssigen Kropf an gesundem Volksempfinden!“ Jonas hat den Satz vergessen, bis er ihm plötzlich wieder begegnet. „Mitleid, nein so was, mit einem Negerjungen? Ekelhaft! Wo kommen wir da hin, wenn wir erst mit so etwas anfangen? Bah!“

Als Jonas das Bild in der Zeitung sieht, haut er drauf. Was kann die Zeitung dazu. Er erinnert sich an seine kleine Schwester Sonja, drei Jahre alt, auch ein Pflegekind, ein Mongo, Behinderte bringen mehr Pflegegeld und er, Jonas, der Retter, der Tarzan, der Dschungelheld.

„Wohin mit der, die macht mich rasend.“

Er hört den Stiefvater, seine versoffene Stimme, wie bei Hänsel und Gretel, dachte er und stellte sich vor, er könne Sonja helfen, vor den wirklich bösen Hexen dieser Welt.

Er hat es nicht geschafft, er hat diesen Mistkerl nicht in den Ofen gestoßen, wie auch.

„So etwas tut man nicht!“ Jonas ist zerrissen, innerlich, bis er endlich das Schwarzweißdenken lernt, jetzt hat er klare Ziele. „Wann Kevin wohl kommt?“ Der sollte ihn nicht so viel alleine lassen, da kommen diese dummen Gedanken wieder und ziehen ihn heinein wie in einen Sog.

Als er zwölf ist, kommt er auf den Platz, da treffen sich ein paar Jungs, spielen Basketball. Jonas ist zu klein, um für das Spiel groß zu werden, das könnte nur einer schaffen, Jogy, ein Junge aus Kenia oder aus der Kante, ein halber Schwarzafrikaner, aber der sprach gut Deutsch, obwohl er kein Deutscher war, aus dem hätte etwas werden können. „Was wohl aus dem geworden ist.“

Jonas mochte ihn. Er sah aus wie ein großer Affe. Und lachte viel, nun kommt die große Scheiße, dieser Junge, den er in der Zeitung sieht, sehen muss, der sieht fast genauso aus, die beiden auseinanderzuhalten, das ist wirklich eine verdammt große Kunst!

Jonas dreht sich einen Joint. Kevin hat zwar gesagt, keinen Stoff im Dienst, aber der ist nicht da. „Wo bleibt er bloß?"

Als Kevin endlich kommt, kann Jonas seine Augen kaum mehr aufhalten, und der Ärger wegen dem Stoff, der lässt ihn kalt, bis Kevin sagt: „Die Geldübergabe ist heute Abend in ein paar Stunden, hinter dem Bahnhof in Brake, sieh zu, dass du wieder klar im Kopf wirst. Ich kann keinen an meiner Seite haben, auf den ich mich nicht verlassen kann. Hundert pro, dann ziehe ich die Sache lieber alleine durch. Kleiner, ist das klar? Ich hol jetzt die Tussi, fahr du den Wagen ums Eck! Und lass den Stoff weg."

Kevin reißt ihm den halb aufgerauchten Joint aus dem Mund, sodass Jonas Lippe aufspringt, knallt ihn wütend auf den Boden und tritt darauf, bis die Glut erlischt. „Was soll der Scheiß, du kompletter Idiot, du gefährdest unsere ganze Aktion, nur weil du dich nicht im Griff hast. Verdammt noch mal, wenn ich das früher gewusst hätte, du Schwachkopf!"

Jonas fühlt eine vertraute Wut jäh in sich aufsteigen, eine schwarze Hasswelle türmt sich auf und sucht sich einen Weg nach draußen, um sich zu entladen. Er greift nach einem Besen, der in der Ecke steht.

„Nun mach zu, du musst hier nicht aufkehren, wir kommen nicht zurück, die Bude stecken wir an. Los, aber Bürschchen, vorher geht Vati der Schwarzen noch mal an die Wäsche, wenn du mir folgen kannst. So ein frisches Fleisch darf man sich doch nicht entgehen lassen, und weißt du was, du Klugscheißer, das haben die Sklavenhalter früher auch gemacht, das ist ein altes Recht!"

Kevin dreht sich zur Tür um, steckt den Schlüssel ins Schloss und pfeift ein Liedchen. Jonas holt mit dem Besen weit aus und will seinen Komplizen mit aller Kraft treffen, wohin ist ihm egal.

Sein Kumpel aber hat so etwas wie einen siebten Schlägersinn, wenn es so etwas gibt. Er nimmt wahr, dass hinter ihm was passiert, was ihn bedroht, hört förmlich den Besenstiel niedersausen, dreht sich um, passt das Holz unterwegs ab, und wie ein Riese eine Fliege verscheucht, dreht er beiläufig den Besenstiel um und, platsch, liegt Jonas mit dem Gesicht nach unten auf dem Boden.

„Na, haben wir beiden Schönen uns nicht vertragen?" Seine Stimme ist mehr wie ein Zischen. „Jetzt wird aber mal geklatscht!"

Jonas dreht seinen Kopf zur Seite, und was er direkt vor sich sieht, sind die Socken von Kevin, gespickt mit SS-Runenzeichen. „Schön, was? Da staunst du! Hat meine Olle mir gemacht, Unikat, eine Information für die anderen, aufgepasst, hier kommt ein Ultra und dann ab ins Wochenende, den Fanblock bearbeiten, aber nicht im Stadion, da sind zu viele Bullen, nein, mein Früchtchen, auf der grünen Wiese, da haut man sich in die Fresse und danach direkt in den Puff und auf eine Mutti steigen und wenn abends einer fragt, na, wie habt ihr denn gespielt, dann sage ich, welches Spiel?"

Jonas blutet aus Mund und Nase.

„So", Kevin reibt sich die Pranken, „so nun lass mich mal nach unserer Mutti schauen und pass schön auf, dass uns kein Arsch stört! Dann fahren wir das Gerät raus nach Brake oder wie das Kaff heißt. Und diesem Negerjungen, dem würde ich am liebsten auch noch einen verpassen, aber einen Kuss, einen Pferdekuss, der hat uns die Kohle gebracht, feiner Zug von dem. Spendenkonto! Die Leute haben auch so was wie keine Ahnung ... der Plan ist doch klar, wir geben die Mutti raus, stecken uns die Asche ein und dann nix wie weg, verbrannte Erde."

„Und die Bullen ...?"

Jonas bekommt plötzlich Angst, Angst auch um den Jungen, den er im Fernsehen gesehen hat, und in der Zeitung war der auch, so ein Lachen wie Jogy!

„Halt bloß die Fresse, ha, ehe die da sind, sind wir längst über alle Berge ... die sind doch dumm wie Brot!"

Jonas nickt und schämt sich.

„Hast du etwa Mitleid mit der Tussi und ihrem feinen Bruder, da sag ich dir mal etwas: Mitleid, dieses Gefühl erlaube ich dir nicht und mir auch nicht, das ist nichts für uns harte Jungs, hast du Arsch das gehört?" Kevin dreht sich um und geht in den Nebenraum, wo sich Neyla befindet. Jonas ist wie betäubt.

Plötzlich hört er von nebenan Geräusche wie von einer zunehmenden Rangelei. Kein Zweifel, Kevin macht seine Ankündigung, sich bedienen zu wollen, ernst. Jonas bekommt Angst, der Übergabetermin ist erst in drei Stunden. Zeit genug für ein weiteres Verbrechen.

Jonas blickt wieder auf das Photo in der Zeitung, wirklich, wie Jogy sieht der Junge aus, und er schaut hoch zu seiner Schwester und sieht deren Bitte: „Jonas, hilf mir!"

Jonas läuft hin und her und hält es so kaum aus, nichts tun zu können. Oder kann er doch etwas tun? Seine Ohnmacht besiegen, hier und heute ... seine Spannung erreicht in ihm einen Höhepunkt. Er springt zur Tür, sie ist verschlossen, er klopft an die Tür, erst zaghaft, dann lauter. Und als er keine Reaktion bekommt, hämmert er dagegen, erst mit einer, dann mit beiden Fäusten und schreit: „Kevin, Kevin, du Schwein, lass die Frau in Frieden, sie hat uns nichts getan!"

Einen Moment später wird die Tür von innen aufgerissen, Kevin schnaubt wie ein Bulle, er schäumt vor Wut und ist stinksauer und geht sofort auf Jonas los. Er schlägt hart, wortlos, ohne Andeutung zu. Jonas Nasenbein bricht beim ersten Schlag, der zweite, ein harter Tritt mit den Springerstiefeln, trifft Jonas, der jetzt auf dem Boden liegt, in den Unterleib.

Rechts, links tritt er zu.

Jonas windet sich vor Schmerzen, auf dem Boden liegend sieht er durch die halbgeöffnete Tür im Nebenraum Neyla auf dem Bett, sie ist halb ausgezogen, ihre Bluse ist zerrissen, er sieht ihre Augen, die Augen schauen in seine Seele, stolz, keine Bitte um Hilfe, mutig trotz allem.

„Gib Ruhe!", zischt Kevin eiskalt, „oder ich schlage dich zu Brei!"

Jonas windet sich auf dem Boden, etwas in ihm ist zerrissen, sein Gesicht blutet, es brennt wie Feuer, aber alle Angst ist von ihm gewichen, er ist endlich ein Mann. Dieser Schmerz hat ihm den Weg gezeigt, er weiß jetzt, was er tun muss: „Ich lasse mir nicht mehr verbieten, was getan werden muss!"

Kevin sieht sich im Raum um, sein Blick fällt auf die Zeitung, dort ist ein Bild von Neyla und einem Jungen im Rollstuhl zu sehen … Sein Blick geht zwischen dem Bild und Jonas, der sich auf dem Boden krümmt hin und her, bis er grinst und sagt: „Ha, ich verstehe, da hat sich der feine Herr wohl weichklopfen lassen, die Tränendrüse, und dann darf der liebe Kevin nicht mal mehr eine Nummer schieben, er ist wohl neidisch. Du Schlappschwanz, du kannst ja auch mal ran, wenn du die Eier dafür hast, aber vielleicht habe ich ja Eiersalat gemacht, das wäre ja mal eine Meldung wert, fieser Entführer entmannt, da soll sich mal das Mitleid bewegen!"

Jonas würgt, er muss aufs Klo. Kevin lacht dreckig und wendet sich der geöffneten Tür zu, wo Neyla angstvoll wartet.

„Ich komme, mein Täubchen, warte, bald kannst du wieder fliegen, die Freiheit ruft, aber erst kommt noch mal der böse Onkel!"

Jetzt beweist es sich, Jonas dreht sich, fasst zu, schnappt sich das linke Bein von Kevin, der zu Fall kommt und flucht.

In diesem Moment springt Neyla auf, setzt über die beiden Männer, die sich auf dem Boden im Kampf hin und her wälzen, rennt im Nu zur Tür und hechtet mit einem hohen Satz, der einem afrikanischen Springbock zur Ehre gereicht hätte, die Eingangsstufen hinunter. Sie läuft über den Hof zur Straße hin, laut um Hilfe rufend.

Sollte jemand jemals afrikanische Frauen laufen sehen, die mit der Überwindung von räumlichen Distanzen vertraut sind, der wird sofort verstehen, warum Kevin, nachdem er seinen Kumpel Jonas abgeschüttelt hat, zum Wagen rennt und hinter der Fliehenden herjagt, statt zu versuchen, sie zu Fuß einzuholen. Als Neyla hinter sich einen Motor aufheulen hört, verlässt sie die Straße, springt über den Straßengraben und läuft über ein Feld, an dessen Rand sie einen Waldsaum entdeckt hat. Mit großen Sätzen steuert sie dorthin, in der Hoffnung, sich eventuell dort verstecken zu können.

Kevin, der auf der Landstraße auf gleicher Höhe fährt, erkennt, was sein Opfer vorhat, und beginnt zu fluchen. Wenn er die junge

Frau, die so elegant mit ihren gleichförmigen Sprüngen enteilt, betrachtet, kann er nicht umhin, diesen Laufstil zu bewundern, ganz entgegen seiner Überzeugung, die Afrikaner seien von Natur aus im Vergleich zu den Europäern die minderwertige Rasse.

Jonas hat sich inzwischen aufgerichtet, wischt sich das Blut von seiner aufgeplatzten Lippe und sieht von Weitem der Verfolgung zu.

Er greift zum Handy. Jetzt ist ihm glasklar, was er zu tun hat, sein Unwohlsein mit der Entwicklung dieser Entführung bahnt sich den Weg, und er alarmiert über den Notruf die Polizei.

Neyla fühlt sich, obwohl sie noch nicht in Sicherheit ist, viel besser, seitdem sie sich ganz auf ihre eigene Kraft verlässt. Die wird ihr schon helfen, auch diese schwierige Situation zu überstehen, und dann ist da noch der beflügelnde Gedanke an ihren Bruder: „Ich fliege zu dir, mein Kleiner, bald schon, warte, ich komme!"

Als sie den Saum des Waldes erreicht hat, muss sie leider entdecken, dass sich zwischen dem Feld und dem Wald ein sehr breiter Graben befindet. Ein kleines Stückchen weiter allerdings sieht sie eine Brücke, auf der die Landstraße den Graben überquert. Da will sie hin, von dort aus kann sie leicht in den schützenden Wald gelangen.

Kevin, der immer noch auf derselben Höhe mit Neyla auf der Straße fährt, ahnt, was sein Opfer jetzt vorhaben könnte, und gibt Vollgas, er muss noch vor der jungen Frau an der Brücke sein.

Sie schaffen es jedoch beide nicht, wie Jonas von Ferne gebannt sehen muss, vor dem jeweils anderen das Ziel zu erreichen.

Kevin stoppt jetzt sein Auto mit laufendem Motor mitten auf der Brücke. Neyla hat sich noch unter der Brücke in Sicherheit bringen können und Jonas hält weiter den Atem an.

Aus der Ferne nähern sich gut hörbar ein Polizeiwagen oder zwei? Jonas weiß, jetzt kommt es darauf an, wer die besseren Nerven hat, und er hofft, dass sein Stoßgebet Neyla helfen wird!

Da macht Kevin einen kapitalen Fehler, er steigt aus seinem Wagen und klettert nach unten, um so seine Beute zu überraschen und zu schnappen.

Neyla hört oder ahnt ihn kommen und klettert auf der anderen Seite der Brücke nach oben und – Jonas Herz macht einen Hüpfer vor Freude – steigt blitzschnell in Kevins Wagen und liefert so ihren Gegner, der jetzt ohne Fahrzeug nicht mehr schnell fliehen kann, der Polizei aus. Mit hängenden Armen auf der Brücke stehend, lässt sich Kevin wenig später, ohne Anzeichen von Gegenwehr, von der Polizei, die nun mit vier Mann hoch vor Ort ist, festnehmen.

Jonas ist erleichtert, obwohl er doch genau weiß, dass auch er einer Strafe wegen Beteiligung an der Entführung nicht entgehen kann, und er bittet die Polizei, ihn abzuholen und in Haft zu nehmen.

Siebenundzwanzig

„Hier Schneider, Bauamt, ich höre!" Das Telefon des Angerufenen hat einen Widerhall, tönt etwas hohl, als ob der Angerufene sich in einem hohen Altbauzimmer befindet.

Johanningmeier sieht die hohen Räumlichkeiten des Alten Rathauses in der Innenstadt vor sich. „Hier ist Hauptkommissar Johanningmeier, Kripo Bielefeld, Morddezernat!"

„Ja, was verschafft mir die Ehre? Was wollen Sie? Machen Sie schnell, ich bin in Eile." Herr Schneider wirkt zwar wie das Unschuldslamm in Person, das sicher im Sattel sitzt wie ein Herrenreiter, der von oben herab spricht, hat aber doch ein leichtes Zittern in der Stimme, das Johanningmeier aus vielen Verhören bekannt ist.

„Ehrlich gesagt, ich weiß es noch nicht, aber wir haben Ihre Telefonnummer bei einem Tatverdächtigen in einem Mordfall gefunden!"

„Was? Wieso ... Entschuldigung, Herr Kommissar, aber ich bin, wie schon gesagt, momentan sehr in Eile, ich muss zu einer Sitzung, dringend ... und von einer Telefonnummer, davon weiß ich nichts, rein gar nichts, aber ... das muss ein Irrtum sein! Oder wieso, wieso ist das meine Nummer? Ich meine, die kann man in jedem Telefonbuch nachschauen. Mordfall haben Sie gesagt? Wieso meine Nummer?"

Herr Schneider wirkt weiter leicht beunruhigt und seine an und für sich immer gut kontrollierte sonore Baritonstimme rutscht ein wenig höher in der Tonleiter. Von einem F in Richtung hohes C.

„Wissen Sie, das fragen wir uns hier auch! Um es Ihnen genauer zu sagen, wir haben ein Gewaltverbrechen vor Ort und gehen natürlich allen möglichen Spuren nach, um das Verbrechen aufzuklären. Mein Anruf bei Ihnen ist zunächst nur reine Routine, vielleicht gibt es ja eine ganz harmlose Erklärung, dass Ihre Festnetznummer in diesem Fall auftaucht, übrigens auch Ihre Handynummer, und die steht nun nicht im Telefonbuch!"

Herr Schneider scheint die Luft anzuhalten, es treten nämlich zunächst von seiner Seite im Moment keine weiteren Hinweise auf Gesprächsbedarf zu Tage.

Annette feixt im Hintergrund.

„Also, Herr Schneider, um es kurz zu machen, Sie haben ja zu tun, ich mache Ihnen folgenden Vorschlag: Um ganz sicher zu sein, dass die Sache nichts zu bedeuten hat, möchten wir Sie gerne zu einem Termin ins Präsidium bitten, für morgen früh, wenn es Ihnen passt, um zehn Uhr, und wir bitten Sie, nicht zu verreisen ... ich meine, bis dahin."

„Bin ich etwa verdächtig? Ach, wissen Sie, Herr Kriminalkommissar, das ist mir wirklich hier zu dumm, ich sehe überhaupt keinen Grund zu verschwinden ... ich habe Frau und Kinder, habe mir nichts zu Schulden kommen lassen, zahle meine Steuern und bitte Sie deshalb hiermit, mir sofort den Grund meiner Vorladung zu nennen!" Seine Stimme hat zur alten Festigkeit zurückgefunden.

„Ja, es liegt ein Anfangsverdacht wegen Vorteilsnahme im Amt in einer Bausache vor. Man könnte es deutlicher sagen: Sie werden verdächtigt, korrupt zu sein, und, wie gesagt, ich bin von der Mordkommission!"

„Was? Wie? Ich? Mord, Korruption ... was wollen Sie? Es muss sich um eine Verleumdung handeln oder einen Irrtum ... gegen mich liegt sowas vor? Wer behauptet das?"

Johanningmeier verliert so langsam die Geduld und sagt betont: „Na wir! Also Herr Schneider, wir möchten Sie morgen um zehn Uhr zu Hause besuchen. Und wir bitten um Pünktlichkeit, aber Sie sind ja Beamter!"

„Also, ich muss doch wohl bitten ...!"

„Ich auch, um zehn Uhr morgen früh!"

Johanningmeier reibt sich die Hände und klatscht mit Annette ab. „So, was haben wir alles: Die Aussage von dem Jungen Jonas Kleber, dann die von dem Schläger Kevin Fischer, dann seine Telefonnummer, die wir in dem Handy gefunden haben ... das sollte genügen, um sich den feinen Herrn zur Brust zu nehmen. Und, das sollten wir nicht vergessen, es gibt ein paar Spuren im Asylheim, die auch mit Schneider in Verbindung gebracht werden könnten. Auf jeden Fall müssen wir die Fingerabdrücke überprüfen, die an der Tür, hinter der das Opfer erstickt ist, sichergestellt wurden. Und wenn wir den Schneider damit überführen könnten, dann aber gute Nacht für den werten Herrn!"

„Vielleicht gibt es ja dann auch noch so nette Unterlagen zu diesen Bauaufträgen, von denen uns, du weißt ja, dieser Jonas Kleber erzählt hat", ergänzt Annette.

„Brand macht eine reine Hand", weiß Johanningmeier. „Wenn der Schneider vom Bauamt es gerne gesehen hat, dass das neue Asylheim angekokelt wurde, nicht total abgebrannt, sondern nur gezielt angezündet, nur so viel, dass der braune Sumpf zufrieden ist, seine Botschaft in die Welt hineingebrüllt zu haben, und das Gebäude noch benutzbar ist, dann könnte der ja bei der Vergabe der Renovierung noch einmal gut verdienen! Da taucht dann das Dollarzeichen in seinen Augen auf, das schwöre ich!"

„Sag mal, mein Lieber, du hast wohl lange keine Lohnerhöhung gehabt, wenn du dir so viele Geldgeschichten ausdenken kannst!" Annette ist froh, dass die Teamarbeit sich in dem Fall so gut entwickelt hat.

„Ich glaube, wenn wir jetzt die ganze Geschichte bekannt machen, dann können wir uns vor Denunzianten gar nicht retten. Allein die Subunternehmer im Baugewerbe, die den Schneider geschmiert haben könnten, damit die den Zuschlag bekommen ..."

„Aber was ist mit den Kontrollen im Amt? Der Schneider kann doch nicht alles allein entschieden haben. Die sind doch nicht alle korrupt? Wir sind doch nicht alle hier korrupt!"

„Ich möchte nicht wissen, wer alles an diesem Asylproblem verdient ... zunächst unsere Waffenlieferanten, aktuell auch Essen auf Rädern, Schokoriegelproduzenten, Wasserflaschenvertreiber, die Billigklamottenhersteller, die die warmen Decken liefern, dann die Busunternehmen, die Zelthersteller ... so eine Massenflucht, die bedeutet doch immer auch massenhaften Kapitalfluss!"

„Ach du, mein Sozialrevoluzzer, wie schön, dass es dich gibt, aber sollen wir die alle verhaften?"

„Ja, wenn wir sie kriegen, warum nicht? Wir haben ja diese vielen Handynummern, da werden sich noch manche schwarze Schafe oder auch Wölfe im Schafspelz orten lassen, und die werden wir alle befragen, reine Fleißarbeit."

„Weißt du was, ich schau mir doch einmal an, was aus dem ganzen schönen schwarzen Geld geworden ist. Was verdient wohl so ein Baurat?"

„Weiß der Geier! Keinen Schimmer, was so ein Sesselfurzer verdient, aber ich glaube, es kann einem, der mal Blut geleckt hat, nie genug sein, Geld macht zwar nicht glücklich, aber ... Ach, Mist, ich kann ja selbst diese Ja-aber-Sätze nicht mehr hören ...!"

„So Löwen sind doch faul, also Baulöwen auch, die lassen lieber arbeiten, als sich selbst die Finger schmutzig zu machen. Vielleicht kriegt der davon das Maul nicht voll!"

„Komm mit, wir schauen uns jetzt mal an, wo und wie der Knabe wohnt, Neugier, auch so eine Gier, ist doch unser Privileg oder?"

„Genau, Vogelweg 3, schmuckes Örtchen, nette Leute, was meinst du?"

„Da juckt es einen doch, hinter die Fassade zu schauen."

...

Als sie wenig später an der Haustür klingeln, bellt innen ein Hund, den Johannigmeier sofort imitiert, sodass schnell ein Dialog entsteht.

„Feudal, feudal, alles vergoldet." Annette deutet auf die Klingeleinfassung.

„Nur kein Sozialneid! Da ist doch nix echt! Alles nur geklaut, alles gar nicht meines, alles nur ...!" Johanningmeier singt den Ohrwurm der „Fantastischen Vier".

„Und hinten, Park mit Swimmingpool und eventuell auch Personal!"

„Klingt teuer!"

„Ist es auch!"

„Villa, in bester Hanglage, eine Stange Geld, komm, komm Johanningmeier, klingel noch einmal, vielleicht hört da jemand schlecht."

Johanningmeier schüttelt den Kopf: „Nee, hier riecht es muffig nach biederer Langeweile!"

Annette gähnt und Johannigmeier lässt sich spontan anstecken, beide erklären sofort diesen Einsatz für beendet.

*

Am nächsten Morgen punkt zehn Uhr, wie verabredet, ist der Überraschungsmoment trotzdem zunächst bei Annette. Wenn sie bislang nicht an Zufälle geglaubt hat, dann spätestens jetzt. Als sie zu dritt in dem feudalen Wohnzimmer sitzen, kann sie ihr Erstaunen nicht verbergen, denn dieser Mann ist ihr schon einmal begegnet, und plötzlich weiß sie wo: Auf dem Rückflug von Lagos hat sie diesen Mann schon einmal gesehen. Sie ist sich sicher, er war mit ihr im Flieger. Und nun sitzt ihr dieser Mann leibhaftig gegenüber!

„Oh, Herr Schneider, ich habe Sie schon einmal gesehen, Sie waren auch in Lagos, als ich dort war, vor einigen Tagen, oder?"

Schneider sieht sie erstaunt an. „Keine Ahnung, Frau Kommissarin, und wenn, ist das Fliegen denn verboten? Ich bin mir sicher, Sie kenne ich auf alle Fälle nicht, woher auch immer!"

„Nö, bis jetzt nicht näher, nur vom Flugzeug, vom Sehen."

„Was haben Sie in Lagos gemacht, Frau Kommissarin?"

„Ich habe ein behindertes Kind von dort geholt, und was haben Sie mitgebracht?"

Johanningmeier bemerkt erstaunt, wie Annette Sasse das Gespräch sofort in die Hand nimmt, sie scheint sich ihrer Sache ganz sicher zu sein.

„Das wäre wirklich ein unwahrscheinlicher Glücksfall", denkt er, „aber man hat ja schon Pferde vor der Apotheke ..."

„Geschäfte, wie gesagt, ich war geschäftlich in Nigeria!"

„Interessant, was waren das für Geschäfte?"

„Eben so Geschäfte, Immobilien, was man so mit Häusern macht!"

„Manche werden auch angesteckt, aber jetzt mal im Ernst gefragt, geht es genauer, bitteschön?"

Schneider windet sich wie ein Wurm, der am Haken hängt und auf diese Art Fische anlockt, aber Annette lässt nicht locker.

„Worum bitte geht es hier? Sie haben doch etwas von einer Nummer in einem Handy gefaselt, wenn ich fragen darf. Was hat das mit meinen Bauangelegenheiten zu tun? Ich berate da das Ministerium im Lande, ich bin sozusagen als Entwicklungshelfer da, alles freiwillig!"

„Das klingt ja sehr selbstlos und sehen Sie, Herr Schneider, genau diese Angelegenheiten interessieren uns brennend!" Johanningmeier klinkt sich ein und mimt den naiven Laien.

„Wieso Entwicklungshilfe? Haben wir Bielefelder denn eine Patenstadt Lagos, das arme Lagos und das reiche Bielefeld, der Dorfzwerg hilft der Megastadt, diesem Koloss?" Annette Sasse schüttet sich bei dieser Vorstellung innerlich aus vor Lachen.

„Nein, nein, nichts Offizielles, das haben Sie falsch verstanden, da geht es um eine private Eigeninitiative und hören Sie, das geht Sie gar nichts an!" Schneider ist nun völlig durcheinander.

„In welchem Hotel waren Sie untergebracht, ganz privat?"

„Na, muss ich das sagen?"

Johanningmeier nickt und fügt hinzu: „Sie können uns ruhig anlügen, das macht uns gar nichts, denn wir haben die Möglichkeit, jede Aussage dort unten überprüfen zu lassen, meine werte Kollegin hat nämlich hervorragende Kontakte zu der dortigen Polizei. Ein Anruf genügt und wir können all Ihre Spuren in Lagos verfolgen. Und glauben Sie mir, so eine Person wie Sie ist dort sehr auffällig!"

Annette Sasse bestätigt es gerne und errötet zart.

„Ich sollte dann mal das Police-Departement in Lagos Central anrufen, oder übernimmst du das lieber?", fragt Johanningmeier in der Manier guter Fangfragen, alte Polizeischule.

„Immer muss ich die unangenehmen Aufgaben übernehmen!", sagt Annette und lächelt in purer Vorfreude.

Dies Gefühl ist verfrüht, denn haste nicht gesehen, hat der Dicke plötzlich einen Revolver in der Hand, Johannigmeier ruft: „Machen Sie sich doch nicht unglücklich, los, die Waffe weg!"

Schneider aber reißt Annette vor sich und hält ihr die Waffe an die Schläfe. Er schreit: „Raus aus dem Haus oder Sie riskieren den Tod Ihrer Kollegin!"

Johanningmeier zögert keinen Moment an der Ernsthaftigkeit des Verbrechers zu zweifeln und verlässt das Haus. Draußen telefoniert er schnell mit dem Sondereinsatzkommando in der Zentrale, und obwohl die Kollegen nach einer kurzen Zeit vor Ort sind und das Haus stürmen, ist Annette zwar wohlbehalten dort, gefesselt, aber Schneider ist spurlos verschwunden.

„Ringfahndung", ordnet Johanningmeier an und ist heilfroh über Annettes Unversehrtheit …

Der Vergleich von Schneiders Fingerabdrücken mit den an verschiedenen Stellen gefundenen beweist dessen Täterschaft im Asylheim. Auch befinden sich im Haus viele Hinweise auf beteiligte Subunternehmer, aber der dicke Schneider bleibt verschwunden.

Neunundzwanzig

Es ist sehr kalt in Oberschlesien, in Kattowitz mindestens 15 Grad unter Null, als Georg Haller, im Reisebus transportiert, dort ankommt. Nur der kleinere Teil der Schneemassen konnte an den Straßenseiten zusammengeschoben werden, um die Fahrbahnen für den Autoverkehr frei zu machen. Der Schneefall der letzten Tage war einfach zu mächtig, um völlig aus dem Stadtbild zu verschwinden.

Das Ganze sieht irgendwie malerisch aus, die Szenerie wird mit einer Spur von Romantik umgeben. Aber die Wahrheit liegt ja immer im Auge des Betrachters, in diesem Falle sind das Augen, die wach und neugierig in die Welt blicken.

Trotz seines fortgeschrittenen Alters hat Georg Haller – er zählt jetzt 95 Jahre – die ihm endlos lang erscheinende Reise von sechzehn Stunden von Bielefeld-Brackwede nach Kattowitz gut überstanden und fühlt sich topfit, nicht zuletzt, weil er vor „der größten Aufregung“ seines Lebens steht, wie er seiner Enkeltochter Karla beim Abschied gesagt hat. „Opa, fahr aber bitte vorsichtig“, hat Karla ihm mit auf die Reise gegeben und Opa Haller hat versprochen, es den Busfahrern zu sagen.

Unterwegs im Bus hat er die meiste Zeit hindurch schlafen können, und nun steht er, um kurz nach zehn Uhr, im trüben Morgenlicht mit einem kleinen Reisekoffer in der Hand am dortigen Busbahnhof.

Die Luft ist hier ziemlich arg verraucht und ein wenig Atemnot bekommt Herr Haller schon, wenn er tief durchatmet.

Er ist sich unsicher, ob es am Hausbrand, an der Kohlenindustrie oder an seinem atemberaubenden Vorhaben liegt oder an allen dreien?

Um das zu wissen, müsste er die nächsten Stunden gesund und munter überstehen.

Auf dem weitläufigen Gelände des Busbahnhofs herrscht heute reger Verkehr, denn dort treffen in den Morgenstunden pausenlos Busse aus allen Himmelrichtungen ein. Viele Reisende, die wie er, die ganze Nacht lang unterwegs waren, überqueren in Eile oder auch ganz gemütlich den Bahnhofsvorplatz.

Manche sind, wie Georg Haller, schon am Reiseziel, am Ziel ihrer Lebensreise angekommen, andere haben hier eine Zwischenstation erreicht und hasten zum nächsten Treffpunkt oder zu einer Bahnverbindung.

Der alte Mann steht noch unschlüssig und steif vom langen Sitzen neben dem Busausstieg und schaut sich um.

In der Nacht hat er den zur Unterhaltung der Fahrgäste auf einem Monitor angebotenen amerikanischen Film angesehen, aber der hat ihn nicht besonders interessiert, denn er erinnert sich nicht einmal an den Anfang des Streifens.

Dann, sein Herz macht einen Doppelschlag, entdeckt er auf der anderen Straßenseite eine ebenfalls wartende Person. Die beiden beäugen sich über den Platz und die Straße hinweg und dann winkt sie.

Er hebt beide Arme nach oben, fasst dann beherzt seinen Koffer und geht los, geradewegs zur breiten Straße.

Gut sieht sie aus, denkt er.

„Dijen dobre, Georg!“, ruft sie.

„Guten Morgen, Bogdana!“, ruft er.

Die zarte Person auf der anderen Straßenseite läuft zum Zebrastreifen und lacht hinüber. Als dann die Fußgängerampel auf Grün schaltet, dürfen beide loslaufen und treffen sich auf dem Mittelstreifen, mitten im Schnee, wo sie sich in die Arme fallen. Lange bleiben sie so stehen, die Ampel geht auf Rot, dann auf Grün und dann wieder auf Rot.

Sie ist schlank geblieben und scheint ihm fast ohne Gewicht zu sein, wenn er sie ein wenig nach oben zieht.

„Halt, halt, Georg, nicht so fest, ich bin nicht mehr die Jüngste!“ Sie lacht, „aber hör auch nicht auf, mich zu umarmen, bitte. Georg, dass du mich gefunden hast …“

„Aber, ich habe dich doch gesucht!“

„Komm!“, sagt sie, „es ist zu kalt hier, um Wurzeln zu schlagen, wir müssen von hier nur ein Stückchen zusammen gehen, ich wohne nicht weit von hier", und sie zeigt nach hinten, zu einer Seitenstraße.

Kattowitz im Schnee erinnert Georg etwas an den Anblick von Ruhrgebietsstädten im Winter. Städte voller Schneereste, mit schmutzigen Straßenrändern, Städte, die aussehen wie die Bilder von abgearbeiteten Händen, mit vielen Furchen und Runzeln, Flecken und Unebenheiten, vielleicht auch müde vom Überlebenskampf. Früher eine schlesische Arbeiterstadt, nun eine Großstadt in der Entwicklung, im Wandel zu einer Metropole ohne Kohle und Stahl.

Bogdanas Wohnung liegt im vierten Stock eines Wohnblocks ganz am Ende einer Nebenstraße, vorbei an einem Friedhof, an den sich ein großer Park anschließt. Jetzt ist er menschenleer, karg, ohne Kinderlachen und bunte Kleider. Wenn es hier warm ist, bald, im Frühling, wird er belebter sein und wird einladender aussehen.

Wenige Zeit später sitzen sie in der kleinen, warmen Küche von Bogdanas Reich. Georg fühlt sich wohl, aufgeregt, ist gespannt.

Noch zögern beide, damit zu beginnen, die vielen bisher ungesagten Worte auszutauschen, das wird später geschehen, bestimmt, das wissen beide. Ihre Hände schließen sich um die warmen Tassen, sie trinken Melissentee, einen Beruhigungstee, den Bogdana frisch aufgebrüht hat.

„Du zuerst, erzähl du!"

„Nein, du zuerst!"

Sie lachen. Jede Form der Fremdheit, vor der sie sich beide gefürchtet hatten, ist nicht mehr da, denn es gibt da etwas, das überlebt hat, und das genügt.

Dann beginnt Georg zu sprechen. „Ich habe vor etwa zehn Jahren wieder angefangen, nach dir zu suchen ..."

Bogdana lauscht und rückt dabei mit ihrem Stuhl etwas näher, um auch nichts von dem zu verpassen, was Georg sagt. „Sprich ein bisschen lauter, mein Lieber, ich habe ein schwaches linkes Ohr!"

„Und ich eine schwache Herzklappe!“, sagt er und sie müssen wieder lachen. „Schwester, Schwester!“, ruft er flehentlich und ein wenig theatralisch, „Schwester, kommen Sie bitte ...“

Und sie sagt mit warmer Stimme: „Ja, Moment, Herr Sanitätsgefreiter!“

Und Georg ruft: „Sagen Sie bitte, Schwester Bogdana, handelt es sich um einen deutschen Moment oder einen polnischen?“

Sie lachen wieder, nun ist auch der letzte Schneerest zwischen ihnen weggetaut, wie in der ersten warmen Mittagssonne im Frühjahr.

„Das Problem beim Suchen war, ich wusste nicht einmal deinen Nachnamen.“ Georg schluckt. „Zuerst war es ja auch nur so eine vage Idee und glaub mir, nach dem Krieg waren alle mit dem Aufbau beschäftigt. Ausgelöst wurde dann meine intensive Suche durch eine Untersuchung über die Nazizeit, eine Befragung, an der ich teilgenommen hatte. Mein Sohn hat mich darauf gebracht. Diese erste Idee kam von ihm ... aber das führt jetzt zu weit ...“

„Ganz egal“, sagt Bogdana, „ich habe dir schon immer gerne zugehört.“

Georg lächelt und sagt dann: „Gut, wo war ich, also ja, ich habe den Gedanken meines Sohnes dann aufgegriffen und habe dann unser, das heißt dein Krankenhaus kontaktiert.“

„Franziskus Hospital?“

„Ja, ganz genau, aber dort wollte oder konnte man uns am Anfang nicht helfen, weißt du, der kalte Krieg war ja kaum ein paar Jahre vorbei. Da hatte man wohl im Krankenhaus ganz andere Sorgen als mein nostalgisches Anliegen. Später hieß es dann, alle Akten aus der Kriegszeit seien vernichtet worden ... und überhaupt, deutsche Soldaten hier im Franziskus? Nein! Was wir denn genau wollten, was wir denn von so einer Suche erwarten würden, außerdem, da lebe doch niemand mehr, und die Toten solle man ruhen lassen, da gäbe es nichts mehr zu finden.“

Bogdana lächelt.

„Die damalige Krankenhausverwaltung hat uns lange schmoren lassen. Ich hatte schon meinen Mut verloren und auch mein

Interesse ließ nach, aber meine Frau war es, die mich immer wieder angeschupst hat, nicht so schnell bei meiner Suche aufzugeben. Die hat irgendwie gespürt, dass ich etwas von dir wissen wollte, wie es dir ergangen sein mochte …"

Bogdana nickt, und Georg erzählt weiter. „Später dann habe ich eine Reise unternommen, ich war in Krakau zusammen mit meiner Familie und bin von dort auch nach Auschwitz gefahren, da sah ich wieder das Schild, Katowice 80 Kilometer. Das war 2005."

Bogdana nickt, sie versteht.

„Das war, nachdem meine Frau sehr krank geworden ist, sie wollte unbedingt noch einmal nach Polen, selbst sehen, was damals dort geschehen ist, in der Residenz des Todes, und sie ist 2011 zu Hause gestorben, an Brustkrebs. Ich habe lange getrauert, bis mein Sohn mich ermutigt hat, meine Tochter auch, ich solle weitersuchen, so was halte einen jung, als ob die Jungen mehr vom Leben verstünden als die Alten."

Bogdana nimmt seine Hand und drückt sie zärtlich.

„Dann plötzlich ist mein Sohn fündig geworden. Der ist so ein Internetfreak, wenn du weißt, was ich meine, da hat er mit deinem Vornamen und den alten Personallisten von Personen, die damals in der Klinik beschäftigt waren, zuletzt aber über einen damaligen Stationsarzt herausgefunden, dass du noch lebst. Wir haben dann deinen Nachnamen gefunden und zusammen mit einem alten Pfarrer deiner Gemeinde … war das alles aufregend, ich konnte es nicht fassen … denn eines Tages hielt ich eine Telefonnummer in der Hand. Unglaublich, so schön! Und den Rest, den kennst du ja, wie wir telefoniert haben, wie aus der Welt gefallene, noch lebende Verlorene!"

„Stimmt und jetzt bist du da! Ich glaube es nicht!"

Beide weinen vor Freude und tief verbunden durch gemeinsame Trauer über die vergangene Zeit und ihre leidvollen Lebenswege.

„Mein Mann ist, wie du weißt, letztes Jahr gestorben, wir hatten ein gutes Leben, er ist fast 95 Jahre alt geworden, und er war bis zum Ende ein wahrer Partisan, jetzt liegt er dort unten“, und sie zeigt aus dem Fenster zum Friedhof hinunter.

Georg schaut sich etwas später in der Wohnung um. Auf einer Truhe steht ein Leuchter. Georg sieht sieben Arme. „Es ist ein jüdischer Leuchter“, sagt Bogdana, die hinter ihn getreten ist, „mein Mann war Jude. Ich musste es verheimlichen, es hätte ihn und wahrscheinlich auch mich das Leben gekostet. Wir hatten zu Kriegsbeginn geheiratet, dann ging Joshua in den Untergrund. Als wir uns nicht wieder trafen, musste er tot sein, wie so viele seiner Kameraden, dachte ich damals, aber er kam wieder.“ Bogdana atmet tief durch. „All der Schmerz, wenn ich daran denke, er hat bei den Partisanen überlebt und musste auch dort seine Identität verstecken!“

Lange bleiben sie stumm nebeneinander stehen und für einen kurzen Moment berühren sich ihre Herzen, wie damals.

„Du warst damals für mich viel mehr als eine sehr kompetente Krankenschwester, du hast mir mehr als körperlich und seelisch geholfen, du gabst mir den festen Glauben an das Weiterleben der Menschlichkeit zurück. Dafür danke ich dir bis ans Ende unserer Tage, aber eines wollte ich dich fragen? War es Liebe?“

Bogdana lacht und, das ist ja auch so ein nicht erklärbares Phänomen, es gibt ein Lachen, dass bleibt ewig jung, weil es sich aus der Erinnerung an die Liebe speist, als ob man eine Extraportion Zärtlichkeit bekommt, ohne danach gerufen zu haben, bedingungslos!

„Hör mal, mein Lieber, ich versuche es dir jetzt einmal aus meiner Sicht zu erzählen, dann wirst du mich und uns Polen besser verstehen und auch, warum ich damals dir gegenüber so handeln wollte und musste und es immer wieder tun würde. 1965, mitten in der Zeit des eisernen Vorhangs, gab es auf dem Römischen Konzil einen ungeheuerlichen diplomatischen Vorstoß polnischer Bischöfe.

In einem Hirtenbrief an deutsche Bischöfe baten sie um Verzeihung für beiderseitiges Unrecht, und zwar unter Verzicht auf jede Art von Gegenleistung. Der Satz, *Wir vergeben und bitten um Vergebung*, fasst die Intention des Schreibens zusammen und schmückt heute in beiden Sprachen ein Mahnmal in Polen.

Das war der Anfang einer großen Reihe von Prozessen und Veranstaltungen, die allesamt nur eines im Sinn hatten: Völkerverständigung zwischen den verfeindeten Ländern Polen und Deutschland, wie vorher mit Frankreich. Deutsche Politiker – allen voran Willy Brandt und Egon Bahr – wurden zu einer erfolgreichen Klärung der Beziehungen zwischen den verfeindeten Nationen ermutigt.

Der Kniefall, wenn auch am falschen Mahnmal, zu Warschau ging als Bild um die Welt und machte den Völkern Mut zum friedlichen Austausch und zu einer Koexistenz nur wenige Jahre später. Da war der Auftakt für zunächst zögerliche positive diplomatische Schritte schon eingeleitet worden.

Ein Weg von Westen nach Osten, und das förderte die sogenannte realistische Außenpolitik. Das gegenseitig unsinnige Morden und die Rache hatten ein Ende, wie wir heute sehen dürfen, eine Busverbindung ist wie ein breiter Weg zum Frieden!"

Bogdana hat plötzlich Tränen in den Augen, als sie so spricht, und steckt ihren Freund damit an. So liegen sie sich glücklich lachend und weinend in den Armen.

*

Einige Zeit zuvor im fernen Bielefeld ruft Dr. Sauer Sarah Kirschstein an und gratuliert ihr am 30. September zu Jom Kippur. Nachdem sie sich ein wenig unterhalten haben, sagt Sarah Kirschstein: „Meine Mutter ist im letzten Jahr leider gestorben! Aber wie schön, dass du dich getraut hast, ich hätte vielleicht noch lange gebraucht, um mir ein Herz zu fassen und dich anzurufen … ich könnte nach Deutschland kommen", hört er sie sagen und sein Herz macht einen kleinen Hüpfer.

Und er denkt noch: „Ja, so sind wir Ostwestfalen: stur, hartnäckig, kämpferisch, wie die heimische Arminia."

*

Und Annette glaubt ihren Augen nicht, als sie einige Tage später, nachdem sie ganze Nächte gebraucht hat, um den Fehlschlag bei ihrem schlecht geplanten Zugriff auf den Täter Schneider zu verdauen – der den beiden Kommisaren wie ein dicker Brocken im Magen liegt –, ihre E-Mails durchsieht und plötzlich einen Absender entdeckt – fast ist ihr das Herz stehen geblieben –, der aus Lagos stammt.

„Hello Annette, I can give you a brand new news from your old friend from Lagos: We have arrested an internationally wanted man coming by airplane from Germany named Schneider. He is now on the road home. Greetings and a big kiss from me! Sincerely your friend from Africa Sam N' Donga, Police Departement Lagos, Nigeria."

„Wie konnte der Mann auch nur so blöd sein, sich gerade dort zu verstecken, in der Höhle des Löwen?", fragt Johanningmeier Annette, die ihm dann erklärt, dass unmoralisches wie auch moralisches Verhalten nix mit Intelligenz zu tun habe.

„Vielleicht hat er gehofft, dort über Verbindungen untertauchen zu können, das wäre in der Geschichte ja nicht das erste Mal, dass Deutsche versuchen im Ausland ein neues Leben zu beginnen, mit der Illusion, man würde Sie in Ruhe lassen!"

„Aber sag einmal, was war denn nun mit diesem Sam, von wegen Kiss?"

„Ach, du Lieber, du weißt doch, ich liebe dich ... der war viel zu jung ... aber schon nett!"

Johanningmeier schlägt vor, am Abend ein großes Freudenfest zu feiern, mit den Weidners, Dr. Sauer und Neyla mit Jacob. „Ich backe lippischen Pickert, und dazu gibt es Leberwurst und Pflaumenmus."

„Und ich mache Schmalzbrote", ergänzt Annette.

„Eine richtige Siegesfeier soll es werden ... Jacob wird bald operiert werden, Neyla spendet ihm eine Niere und somit sein Leben!"

*

Und die Polizeipräsidentin freut sich, dass es am Ende doch nach einem großen Happy End aussieht und die Täter, Kevin, Jonas und deren Kumpane aus der rechten Zündlerszene, hinter Schloss und Riegel kommen werden, auch der dicke Schneider. Kein Asyl für Mörder!

© Stefan Sandrock, Hamburg

Wolfgang Neumann, Dr. Phil., ist Diplom-Psychologe und Psychotherapeut in psychologischer Praxis. Er ist Autor von Fachbüchern, Lyrik, Prosa und Kinderbüchern. Er lebt und arbeitet in Bielefeld.

E-Mail: wn@neumann-meyer.de
Internet: www.wolfgangneumann.net

Annette Sandrock arbeitete als Lehrerin, ist passionierte Leserin und hat eine Vorliebe für den trockenen westfälischen Humor. Sie ist in Rietberg aufgewachsen und lebt ebenfalls in Bielefeld.